国家出版基金项目
NATIONAL PUBLICATION FOUNDATION

白化文——著

人海栖迟

白化文文集（第二卷）

中国书籍出版社
China Book Press

图书在版编目（CIP）数据

人海栖迟 / 白化文著 . —北京：中国书籍出版社，2017.8
（白化文文集）
ISBN 978-7-5068-6397-1

Ⅰ.①人… Ⅱ.①白… Ⅲ.①社会科学—文集 Ⅳ.① C53

中国版本图书馆 CIP 数据核字（2017）第 200480 号

人海栖迟

白化文　著

图书策划	牛　超　崔付建
责任编辑	成晓春
责任印制	孙马飞　马　芝
出版发行	中国书籍出版社
地　　址	北京市丰台区三路居路 97 号（邮编：100073）
电　　话	（010）52257143（总编室）（010）52257140（发行部）
电子邮箱	eo@chinabp.com.cn
经　　销	全国新华书店
印　　刷	三河市华东印刷有限公司
开　　本	650 毫米 ×940 毫米　1/16
字　　数	190 千字
印　　张	19
版　　次	2017 年 9 月第 1 版　2017 年 9 月第 1 次印刷
书　　号	ISBN 978-7-5068-6397-1
总 定 价	580.00 元（全十卷）

版权所有　翻印必究

总　序

化文学长与我是同学挚友，我们有共同的爱好，都对古典文学有一点偏爱。不过他的学问广泛，知识渊博，这是我们班同学都公认的。当他七十寿辰时，我给他写了一副贺联：

五一级盍簪相契，善学善谋，更喜交游随处乐；
七十翁伏案弥勤，多能多寿，定看著作与年增。

这里我说的，真是实话。他的"善学"和"多能"，是我最佩服而学不到的。据他片断的自述，我们可以了解到，他少年时就偏爱文科，读书很广，从不死抱着课本不放，而是大量地读课外书。虽然偏废理科，但对于海军史和舰艇知识，却非常熟悉，谈起来如数家珍。上大学时，他不仅认真听本班本系的课，还曾旁听过高班和外系的课。他1950年就上了北大，所以曾有机会听过俞平伯、罗常培、唐兰、王重民先生的课，比我们有幸多了。杜甫《戏为六绝句》之六说："转益多师是汝师。"他的确是做到了"转益多师"的，因此有多方面的资源和传承，成为一个多面手。

他的"善学"，首先是尊师重道。一向对老师尊敬尽礼，谒见老师，总是九十度鞠躬，侍立倾听。直到现在，他讲演、发言时，提到老师的名字一定从座位上肃然起立表示敬意。他写文章时总是先举老师的字再注名，以字行的当然在外。这些礼节已是今人所不懂的了。事无巨细，他总是竭诚为老师服务，真是做到了"有事弟子服其劳"。在他将近知命之年，拜我们编辑行的前辈周绍良先生为师，成了超龄的"在职研究生"。他在人前人后、口头书面，总自称为门生，极为恭敬，比青年人虚心得多。

他的"善学"，体现于学而能思和思而能学。孔子说："学而不思则罔，思而不学则殆。"（《论语·为政》）化文学长是身体力行的。他在上大学之后，总结了自己的学习经验，得出自觉颇为得力见效的四条"秘诀"。

第一条是：

> 除了入门外语等课以外，大学的课程均应以自学为

主。多读课外书，特别是指定参考书和相关书籍，学会使用最方便使用的大图书馆，学会使用各有各的用处的各种工具书，一生得益。

这是最重要的一条经验。我愿意把它推荐给广大青年同学，不过万一遇上了要求背笔记的老师，可能考试得不到高分，那就不要太在意，争取在别的地方得分吧。

第四条也很重要：

老师的著作要浏览，有的要细读。对老师的学术历史要心中有数。这样，一方面能知道应该跟老师学什么，甚至于知道应该怎样学；另一方面，也借此尽可能地了解在老师面前应该避忌什么与提起什么。

这一条是准备进一步向老师学习真髓的方法。每个老师都有独特的长处和学术道路。你想要多学一些课堂之外的东西，就得先做功课，细读老师的主要著作，才能体会出课堂上所讲的那些结论是怎么来的，才能明白老师所讲的要点在哪里。化文学长在四条"秘诀"的其余两条里就讲了要注意讲义之外的"神哨"和听课时要多听少记，都是这个思路。读者有兴趣的话，可以去找他的《对一次考试答案的忏悔》《定位、从师、交流、考察》两文一读。

他的"善学",还在于随遇而安,就地取材,见缝插针,照样能左右逢源,有所建树。化文学长前半生道路坎坷,屡遇困境,但他能边干边学,学一样像一样。徐枢学长分配到电力学校教课,心里郁郁不乐,先师浦江清先生开导他说,"你可以研究电嘛"。当时引为笑谈,化文学长却从中得到了启发,他说:"老师有深意存焉:到什么山上唱什么歌。只要抓住'研究'不放就行。因而我此后每到新岗位,一定服从工作需要,在工作中不废研究,多少干出些名堂来。"(《浦江清先生二题》)他也的确干出了许多"名堂"。有一段时间,他以业余时间帮《文物》杂志编辑部看稿,看了不少发掘报告,从而也学了文物考古的知识,这对后来他研究佛寺和佛教文物很有裨益。同时也因看稿而向王重民先生请教古籍版本方面的问题,得到了许多课外的真传。

他的"多能",就因为他"善学"。大学毕业离校之后,他不仅继续向本系的老师请益,而且还陆续向外系的老师求教,如历史系的周一良先生,哲学系的任继愈先生,东语系的季羡林先生,都得到不少教益。他在师从周绍良先生之后,虚心学习敦煌学和佛教文献学,再和他本职工作相结合,创立了佛教和敦煌文献的目录学,成为一门新的学科。

我们只要看看化文学长这一批著作的书目,涉及好几门学科,就可以知道他的"多能",正是他"善学"的结果。

希望青年一代的读者，能从这些书里学习他"善学"的精神和方法。倒不一定要学那些具体内容，因为人各有志，条件各不相同，所遇的老师又各有所长。就如白先生自称"受益于周燕孙（祖谟）先生最深"，他也深知周先生的特长是音韵、训诂，但他不想学语言文字学，就如实地回答了周先生的探询。他最受益的是周先生给他讲的工具书使用法，而学到的还有周先生礼貌待人、踏实治学的作风，应该说是更重要的。

孔子自谦说："吾少也贱，故多能鄙事。"化文学长少年时并不"贱"，从小在慈母沈伯母的精心培养下，决心要上北大文科。终于，在北大中文系前后读了五年，在北大图书馆泡了六十多年，造就了一位"多能雅事"的传统文化学家，应了浦江清、朱自清两位先生在他幼年时说的预言。沈伯母在天之灵，我想应该含笑点头了吧。

中国书籍出版社要出白化文学长的十本文集，汇为一辑，委托我写一篇序。我与他幸为知交，不能推辞，写一点感想，作为书前的题记而已。

程毅中

2016年8月

目 录

上 篇

  人 海

    ——北京人文小识　*002*

  就读北京育英中学（1943—1949）　*005*

    附一：萧豹岑学长哀辞　*038*

    附二：张仁佑学长传略　*039*

    附三：送别老同学挽联　*040*

    附四：送给1949届老同学的寿联　*043*

  记1947年北平秋季运动会　*045*

  旧北京的自行车　*068*

  《富连成三十年史》新印小记　*077*

  京剧富连成科班的东家——外馆沈家　*083*

中　篇

我的马氏书情结　102

书影与藏书印　110

藏书家身后盖印　114

"舒学"小记　118

侍坐话"毛边"　124

从《春明旧事》谈起　128

启元白（功）先生是圣人　134

追忆王绍曾先生　137

朱季黄（家溍）先生与《文史知识》　141

劫馀有成慰平生

　　——纪念姜纬堂同志　146

《中外交通史籍丛刊》及其主编谢方　150

深切怀念刘铭恕先辈　162

王邦维教授及其"校注"著作　171

及时的惠顾与前瞻

　　——读《中国旧书业百年》　180

惭愧呀，我的"书缘"　184

中国书店与我　189

中关村里续书香

　　——祝贺中国书店中关村分店开幕　195

下　篇

《北京民间生活百图》影印本前言　200

《京师地名对》及其作者巴哩克杏芬女史　203

京味文化与北京的对联　208

《北京名匾》　214

《北京传统文化便览》　219

新版《北京市志稿》　222

《北京古籍丛书》　227

《燕都古籍考》序　230

《北京的胡同》序　234

《北京士大夫》序　239

周藏《北平笺谱》跋　240

《蠹斋说墨》跋　243

《四库存目标注》序　244

古籍研究的集成型必备资料
　　——推介新出版的《古籍题跋丛刊》　246
读书人的藏书记录大观
　　——读《影印〈玉函山房藏书簿录〉》　250
读《张政烺文史论集》中有关《封神演义》的论述志感　255
《〈水浒传〉与中国社会》读后　259
《全汉赋校注》评介　267
中国民俗研究的里程碑式著作
　　——推介《中国民俗研究史》　271
读孟昭晋的书：《书目与书评》　275

附　录
原书前言　278
原书后记　281

《白化文文集》编辑附记　285

上篇

人　海
——北京人文小识

苏东坡的名句"万人如海一身藏"经常被人引用,"人海"后来凝固成一个专用性很强的特指首都的词。明清之际,更专指京师北京,并关乎北京的人士,含有"地灵人杰"的意蕴。如黄仲则《将之京师杂别》:"要将人海荡心胸。"《都门秋思》:"侧身人海叹栖迟。"都关合人与地。我们当代人常按字面去理解,就"差之毫厘"了。

去年北京出版社出版了《人海诗区》一书,"出版说明"写得很慎重,没有明确指出编者。我的老学长、北京中华书局副总编辑熊国祯同志为此写了《关于〈人海诗区〉及其集录者》一文,据《人海记》等相关资料,证明系查慎行所纂。我非常同意。熊文具在,请读者自行参看,不赘述。

笔者要说的，只是作为"人海"的北京。

笔者觉得，"人海"作为首都北京的一个特称，其人文文化内涵十分丰富。

前人说过这样的话，大意是：京师（北京）真乃人海，各种各样各行各业出类拔萃的人物数不胜数。要研究什么学问，要切磋何种技艺，在北京都能找得到同道。这是一层意思。

正因北京既有作为首都的政治优势，更有吸引全国人才的文化优势，所以人才不断涌入，形成人海。这是又一层意思。

不同时期的不同人才集中北京，体会到这里真是一块宝地，愿意在此开花结果。于是北京的人才越来越多，形成良性循环。人海的质量，除了进行政治军事干预的特殊时期以外，一般是越来越高。这又是一层意思。

这些人才到了北京，必然各展奇才，参加北京的各方面建设，特别是文化建设。拿我所在的北京大学来说，高层次的知识分子中，土生土长的老北京人并不多，二十几岁入京上学或来此工作的人占绝大多数。在北京一待几十年，他们也就成为北京人海之一员了。这是再一层意思。

总之，人海这个词，其内涵中专指北京文化层次高的奇才异能之士的庞大集团的成分极大。北京传统以至当代文化的表现形式非常丰富，无所不在，浸透在有形如建筑、服饰，无形如语言、音乐，综合如京剧、庙会、礼俗等之中。它又是多民族的，从风味小吃来看，各民族都有贡献。但是，我们在研究北京文化的时候，千万不要见物不见人，尤其不可忘记那"人海"中的人。

我认为，他们是建设具有永恒魅力的北京文化的主力。

（原载于《北京日报》1995年8月9日第7版）

人海栖迟

就读北京育英中学（1943—1949）

一、概述育英当时情况

北京市原私立育英中学是一所老学校，由美国基督教公理会创办并直接管辖，直到新中国成立后为止。2004年是建校一百四十周年，十月份曾大事庆祝。可是，笔者所见，回忆录较少，写来也都规规矩矩，从侧面反映者不多。我就凑凑热闹，写点个人直接见闻、亲身感受。偏颇之处一定很多，说的倒都是实情。唯在抛砖引玉而已。

育英中学分五个院落。一院为初中部居西，四院为高中部居东，均坐落在灯市口大街上，中间隔一个通车的南北向小胡同，叫作"油房（油坊）胡同"。油房胡同应该是往北通东西向的大胡同报房胡同的，可是中间被许多宅院堵死，成为死胡同。它的北半截即通报房胡同的那一段，也叫油房胡同。且说，南边的报房胡同往北成为死胡同的底部，有个东西横向之处，学生称之为"盲肠"的，胡同里遮拦起帐篷，卖起馄饨、烧饼夹猪头肉等饭食，馄饨盛在碗里凉着，下课十分钟特别是第二至第三节课休息二十分钟时（高中为上理化生物等课借此换教室）偷偷来此，拿起碗来一喝就完；还有个卖花生仁儿的，用报纸包成尖顶小包，分揉去皮儿（上课时偷吃地上不留皮儿）和不揉皮儿两种，前者略贵。这都是专门供应育英学生的。

一院后门正对二院小学部大门。绕羊肠小道，西折。经大小鹁鸪市两个接连的胡同，入王府大街。这条路线是育英的行车路线。当时骑车上学者约占半数，高中部唯一出入自行车的后门开在油房胡同东侧，初中部从灯市口正门和油房胡同南侧拐角处的后门均可出车，小学部则由油房胡同北侧拐角处出车。每至上下学，车如流水，起码二十分钟才能走完，中间夹杂步行的如笔者之类。胡同颇窄，两辆大汽车无法对开，小汽车也得紧靠墙对蹭。杜聿明时任东北蒋军司令，他的家眷住北平，占据弓弦胡同二号一片大宅邸，可能是清初由李渔造园的半亩园，民国初年由名士郭啸麓（则沄）先生整修过的（郭老是俞平伯先生的姐夫）。杜氏的女儿杜致礼在贝满，约比我们低两个年级，自己骑车上学。贝满的学生都走灯市口大街。杜致礼的弟弟在灯市口小学读书，由副官、司机等几人护送，坐军用吉普车上学，走大小鹁鸽市路线。司机经常放任，让小孩驾车。小孩的腿够不着刹车闸呢！一路横冲直撞，我们每日"不见不散"（这是当时说评书的常用的词语），提心吊胆。

"育英学校"是中小学部全称，匾额悬挂在一院大门前。三院在骑河楼，南部是学生宿舍。个别家在外地的单身老师如仓孝和先生也住在那里。北部是体育场。有三百米的不规范椭圆形跑道：东西两侧贯通南北的跑道是规范的，东侧的南北跑道延伸可供跑一百一十米高栏使用；南北两侧贯通东西的跑道各只有五十米左右，一圈儿加起来也就三百米上下，与四百米正规跑道没法比，但在当时的中等学校里就算上等的了。当时北京的中等学校的跑道，没几个正规的，例如，唯一的师范学校（当时在西城端王府夹道）跑道三百六十米，就算好的了。

育英还有个少为人知的五院，在东单北大街路东一个小死胡同里，与基督教青年会隔街相望。里面是个黄土地大空场，只在东北角有两间平房，看房子的人常年居住。这院子平时不用，冬季租给开滑冰场的人，搭席棚，泼水成冰，卖票供少爷小姐玩乐。育英、贝满的学生受优惠待遇。

育英与毗邻的贝满女中是同一教会所办的兄妹学校，关系密切。

二、我的初中时期

我在1943年暑期报考育英和辅仁大学附中两所中学，均取中。辅仁大学与附中是私立学校，由梵蒂冈天主教（自称"公教"）圣言会创立并直接管辖。收学费较多，听说校规也很严。育英呢，自1941年12月8日（日本人的算法，见于汪伪1943年才公布的对英美荷宣战书，自1943年起每个月8号必集中全校师生宣读一遍，这个倒霉差使在"八中"由训育主任年景丰先生承担；美国人则记录为12月7日）日本"皇军"向英美荷等国开战后，美国教会学校全部被封。当时，敌伪教育局所属市立中学沿袭抗战前国民党的建制，共有男中第一至第五中学五所，女一中女二中两所。这次接收美国的教会中学，编入市立中学建制。育英称为第八中学，贝满称为第四女中。育英小学部改称市立灯市口小学。

按，改变建制以前，北京市内有同名的两个"私立育英小学校"，一所的校址在鼓楼内西碧峰寺胡同，原系女子小学，1925年起男女兼收。而我们的育英小学部却是只招收男生的。贝满女中的"小学部"是"培元小学"，校址在王府大街，只招收女生。灯市口小学的毕业生，一般升入育英中学。临文不忌，说个典故：老北京的老太太们，把还不够上小学年龄的小男孩儿的生殖器称为"小鸡子",口头语是:"再闹,把你的小鸡子剪(读作"绞",jiǎo)下来!"男孩儿上了小学,同学间通称男性生殖器为"der(轻声)",简称灯市口小学为"der小"。到了中学,人大了,对自己的就不称"der"了。但是,中学部的十二年一贯制"der小同学",彼此间总有一种亲切感。我不是此种出身,生往里挤也挤不进去。当然,此种界限很不明显,倒是提倡"育英精神"。

育英虽然改为八中(注意:不是新中国成立后新设立的八中),内里一切照旧,人事并无大的变动。听说校长李如松曾被捕受刑,不久放出。又听说校长有手段有办法,请来一位日本顾问。这位顾问是个老病号(肺病?),长期休养,我入校后就见他来过一次。校内除添设日文课程外,一切如故。日文课从初一上到初二,初三赶上抗战胜利,此课取消。初一时教课的老师姓名忘掉了,大约是一位落魄的留日学生,非常低调。初二时又来了一位兼职的日本皇军的中国翻译官。当时正值美国空军轰炸西郊机场,鬼子下旨,全市学生要学习皇军,打裹腿。这是"战时体制"!翻译官的制服是浅灰粉色小洋服,打领带(《沙家浜》中的翻译官打扮依稀似之)。他就这样在西服裤子上打豆绿色裹腿,实属奇装异服。他还检查我们打了没有呢!还有一种日文口语选课,我选了,是一位日本侨民老太太教,她会中国话,很和善，从不涉政治。

我入校后，初中三年都在乙班。初中分甲、乙、丙、丁、戊五个班。据我体会，都是混编，并不按成绩编班。敌伪时期，北京的中小学生都穿灰色学生服，小学生戴一种圆形蛋壳帽，新中国成立后到现在的考古队队员都戴此种帽子，但质料较好。中学生则戴软体带帽檐的学生帽。"八中"则独出心裁：穿蓝色学生服（灰色的也凑合，但认为非本校制服），戴硬壳帽，帽子上要嵌一颗八角形（如某些日本和中国的北洋政府颁发的勋章的形式）帽章。上衣的扣子为铜纽扣，帽章与纽扣均轧出"八中"两个篆字，这也是当时的校徽，有点效仿鲁迅先生为老北大设计的校徽的样子。据说乃美术杨老师设计。这些都在高中部事务处售卖。我入校前不明就里，新做的是灰色制服，赶紧去染了。其实，学校对制服穿着与否并不认真考查，只是敌伪规定，中小学男生一律推平头。抗战胜利后，规定无形中取消。我从初三起就留分头、穿大褂了。

当时的学生时兴给老师起外号，并无恶意，因为称老师的名讳，连"老师"二字，总得念出四五个音节，还显得太正式，不如用代号方便亲切。我们年级同学口头说的代号，绝大部分是老学长传下来，沿袭使用的，有的已是老太太的被——盖有年矣。我忠实记录野史，并无对老师们不敬之意也。

初中一年级，我们遇到了几位好老师。教"国文"的是朱一麟先生。他那时二十多岁，穿长袍，戴金丝眼镜。他讲古文与现代文章都很拿手。记得一次讲课时遇到"浪漫""浪漫派"两词，促狭的学生故意举手，请求解释。朱先生不慌不忙，举例说：自己有个朋友，学艺术的，满身油画颜色，新买的白皮鞋故意涂成五颜六色，养女人一样的披肩长头发，一边走路一边唱外国歌，这就是浪漫，这就是浪漫派！我想，老师真是善于解围呀！至今记忆犹新。朱老师眼睛大，外号"朱大眼儿"。他教完我们这一年级就走了，传言他去后方了。当时称非沦陷区为"大后方"。

教"小代数"的是阮建中先生。讲解通俗易懂。我认为，在我从学过的数学老师中，阮老师讲课是最好的了，起码是最容易听懂。他教完我们年级也走了。有的同学说，他在后门大街上开了个小杂货店。我去找过，没有找到。大家揣测，阮老师可能是以经商打掩护，干抗日"地下工作"呢。阮先生外号"软中硬"。

教英文的是龚明善先生。他的堂弟龚明信教体育。龚明善先生个子颇高，腰板挺直，身穿西服，内衬翻领衬衫，这是当时美国总统罗斯福的休闲打扮，有的美国和中国电影明星也跟着学。我觉得这样做可以避免打领带的麻烦，又省得勒脖子出不来气，因而在自己中年后也常常这样装束。龚先生教英文极有耐心，对学生和气，是一位好老师。我在本书中的《旧北京的自行车》一文中,对他的人和车另有描绘。听说他的网球技术很好,在北京上名次。

全校唯一的教美术的老师是杨士林先生,他又矮又有点瘦,老绰号"杨部长(谐音"不长")"。当时北京中小学生普遍轻视"小三门",即体、音、美,不过育英重视体育,许多学生受同学与洋派家庭等影响,也重视音乐,课外组织育英、贝满歌咏队等活动,只可说轻视美术、书法罢了。杨先生多年一贯的做法是,只要学生提出不画画儿了,讲点什么,他就立即答应,开讲时事。敌伪时期,他用委婉的口气,讲点从重庆广播中听来的日军"转进"新闻。附带说一下:日寇垄断广播,下令北京市民各户必须购买(太穷的人可以不买)统一制造的一种两个电子管的收音机,只能听北京本地的节目。能听远方短波的收音机一律拆除上缴。实际上隐匿偷听者极多。我们的美术学习只学一年。抗战胜利后,杨先生因讲新闻受欢迎,有时就应邀到高中,借用"公民"和下雨时上不了体育等课堂,接着开讲。这时他委婉讲的可是"国军"某某将领在何处"成仁"(新中国成立后听说,大部分"成仁"者是被俘或投降)的消息了。多年来,学生心照不宣,无人向敌伪和国民党打小报告,相安无事。就是敌伪大官的子弟,如"教育总署督办"王谟的儿子王彻,初一与我同班(抗战胜利后不知何往),也爱听杨先生这一套,他一定是暗保杨先生的,不然,早出事了。

书法教师是吴兰弟先生。他常为东城一带的店铺写匾，有的一条商业街上，小一半的匾都是他写的。他是基督徒，但不传教。学生不爱临池，也怂恿他在课堂上讲点什么。他就讲他会画国画"芦雁"，并在黑板上勾画解释。他还讲到自己如何去野外观察芦花与大雁。育英一院的几块大匾，如"育英学校""双元"和刻在大门额柱上的校训"致知力行"，都是他写的。"双元"是指1934年"北平市中学生毕业会考"时，育英高中梁炳文、初中唐统一双登榜首，故悬挂匾额，以为纪念。

中国史和中国地理的教师都是一位崔先生。他的讲授法很特别，一上课，就叫学生把课本取出，放在课桌上，不许看书，大家静听他慢慢地讲。他其实是在背诵课文，背一句，喉咙里自然地轻轻地"嗯"一声。他把时间扣得极准，下课时，一节课文一定恰恰背完。我真佩服他能把两本教科书全给背下来，心想哪天一换教材，你可怎么办！又想如此教法，学生可说没什么收获。我本来对这两门课极有兴趣，经他一教，兴致索然。期末考试，及格而已。

初中二年级，教"国文"的是阎蕴之先生。阎先生人很和善，教法平平。三年级时，就归张子成（名有为）先生教了。我与张先生的长子张殿京从初一起就是同班密友，常去他家串门，早就和张先生熟悉起来了。张先生口才极好，特点是一不卡壳，二不重复，三没有口头语和"嗯""哼"

之类的毛病，四是以"神聊"擅长。我觉得他有说评书的天才。他每每先聊半堂课，然后再讲正课。他说，抗战前，监狱曾请他去给犯人讲大课，讲的都是古代修身故事。我益发认为他是说评书的能手了。他讲"作者生平"，旁征博引，如说刘半农之死，引用挽联："活昆虫竟敢咬死教授；死文字哪能哭活先生。"此联抓住刘氏死因及对"五四"运动之贡献等要点，又便于青年学生理解，我至今记忆犹新。当时正值抗战胜利，国民党政府扬言要"甄别"沦陷区教职员，"甄审"大学生。张先生就在课堂上大骂，讲点"歪理"，说："我们在沦陷区消耗敌人物资呢！""你能跑，我们跑得了么！"我就给他起外号"张半堂"，自然经由张殿京传入张先生耳中，下一节课他就讲："有人说我张半堂，我还要骂一堂呢！"下课后，我就对老师说："学生是为您好。您这样骂来骂去，吃亏的是您！"他以后不再骂了。可是，他的业务结构过于陈旧，新文学通晓甚少，新中国成立后就无法教书，只可在教务处待着，尔后提前退休了。张先生是育英头一位对我有巨大影响的老师，我暗中向他学习"讲演术"，自己规定：警惕产生自己的口头语；不要"嗯""哼"；要多举引人入胜的例证；不重复；逐渐练成口若悬河。后来，我毕生在努力这样去做，很得益处。在张先生可能是自发的，我却是有意识地学习，变成自觉的了。可惜，现在我得了脑微血管多发性隙性梗死，语言謇涩，退步多矣!

初三上学期,教"外国史"的是关肇湘先生,外号"关大眼儿",也因眼睛大并戴金丝眼镜之故。他是北京老名士关颖人(赓麟)老先生(1880—1962,新中国成立后被聘为中央文史馆馆员)的公子。他的弟弟关肇邺约高我们两三班,毕业后先入燕大,后转清华建筑系,是梁思成先生高足,现为院士。关肇湘先生是上海圣约翰大学毕业生,英文极佳,在育英初二教一两个班英文,是因人手不够,主要教初三外国史。当时他似乎在辅仁大学读研究生。关赓麟老先生与育英有点关系(校董?),关肇湘先生来教课,有点"客卿""玩儿票"性质,他那时可是一位大少爷,不指着薪水养家的呀!

关先生不知道,他可是第二位影响我一生的育英教师。先说他的教学内容与方法:他只是利用了课本的章节标题,完全不按课本内容讲。一上来,先教B.C.(公元前)与A.D.(公元后)两组符号。下面教课,就不断地出现历史年代,如476A.D.西罗马帝国灭亡,中世纪史时期开始;1453A.D.拜占庭帝国灭亡,近代史时期开始,等等。因为上年级老学长说过,年代必考,差一个,错一个,都要扣分数,不及格者甚多,所以,大家死命记笔记。一堂课下来,必有数十个年代。同学们叫苦不迭。我从小有短期间内记数字的天赋(如记忆电话号码即是,但是,时间长了不复习就忘),特别适应，以之为乐，和挚友张仁佑比赛着记笔记，背笔记，大小考试（关先生经常在课堂上小考），两人并列前茅。关先生对我有点赏识了。我还和同班同学顾承志到关先生家中谒见一次。记得当时关府在东华门外一过护城河的路北一座院落中，此地大约不是那有名的南池子大街南弯子胡同内的"秭园"。关先生对我颇多鼓励，我说自己外文不行，关先生说，将来可以主攻中国史。我告辞后，就单独一人到天安门前千步廊书摊上，买了一部三大册顾颉刚、徐文珊两位先生点校的《史记》白文本，回家自学去了。这部书的点校水平极高，特别是分段，很有独到之处。例如，最后一篇"自序"："太史公既掌天官，不治民。有子曰迁。"这两句自成一段。以下一顿，提行再起："迁生于龙门，……"就显得极有气势了。我在中学后几年，囫囵吞枣，翻来覆去，把此书的本纪、世家、列传大体上读了几遍。我深感不夹注而有标点、分段的白文本读起来文势通畅，便于浏览。

这时，先母和先外祖母因种种打算，从南锣鼓巷的板厂胡同十六号移居王府大街翠花胡同八号，其中就有让我受北大熏陶的想法。先母多次指出，我应习文。由是，在我下定应入中文或历史系的决心这一点上，关先生的潜移默化，功不可没。

可惜，关先生在初三下学期突然不来了。同学间猜测颇多，都不落实。来了一位王先生，自称刚刚从中国大学历史系毕业。此人真乃不学无术、浅薄无知之人，一句正课也讲不出来，从不讲外国史，总是胡聊瞎扯。他还透露出自己是国民党某一系统的特务，用意大约是震慑学生。同学屡次向上反映，无效。此人狂妄至极，仗势欺人，一次在东四牌楼羊肉床子上放置不应放的东西，回民师傅劝阻无效，忍无可忍，把他打了一顿，据说脸都打破了。此事上了各小报。他的特务上级大约也不敢管了。他从此养伤，不来上课了。同学人心大快。我们的外国史是如何了结的，记不清了。

　　动物、植物和矿物课，从初一到初二，各上半年，上了三学期。我的体会是：因为缺乏实物作教学演示，动物课有游览万牲园（今名"北京动物园"）的印象，还明白一点；植物课就懵懵懂懂；矿物课如听天书。这种经验教训，希望当代的教育家汲取。化学课从初二讲到初三，讲了两年。此后，高二又一直讲到高三。沥沥拉拉，屯兵于坚城之下。这门课初中由张慕棠先生讲授，可以"平淡"二字概之，我听课总是昏昏欲睡。张先生又高又瘦，如迎风摆柳，外号"大洋马"。有记载说，李如松校长早期当田径赛运动员时，外号就叫"大洋马"，我还是近几年在一些校史资料上看到的。我所知那时候校长绰号是"大土匪"。从形象性上看，赛跑时的强壮大个子更像大洋马。

　　初三学物理，陈本知（名德芸，以字行）老师亲授。陈先生是20世纪20年代初齐鲁大学物理系毕业生，我料想他一定学得不错，因为他的基本功扎实。可是，从爱因斯坦起的那些物理学新生事物，他当学生时尚未出现，所以，他的知识结构有点老了。这是多年后我才体会到一些的。当时，他教我们，可说游刃有余。他的脑筋很灵活，口才极好，善于讲相关故事，如"阿基米德从澡盆里一跃而起""几匹马干不过一个大气压力"（附带让俩学生作拉"马德堡半球"实验。我们说："马变人啦。"）等等，极为生动有趣。我一生中有限的物理常识，均自陈先生处学到。到了高三，听了新聘来的当时有名的一位物理老师"推导"各种公式，如入五里雾中。陈先生是很要强的人，还编成一本高中物理教材，可惜迁延到解放初才私人出版，印刷不佳。我想，此书生不逢时，料想销路不容易打通。陈先生腿有残疾，外号"陈瘸子"。他的公子陈崇一与我们同年级，父子均笃实，大家都不忍当面叫他父亲的外号，只是顽皮的同学背后说什么"地心吸力不平均"，一笑而已。

敌伪时期设"修身"课。初中课本是一个个小故事，讲儒家"修身齐家"之道，没有讲"治国平天下"，大概怕犯忌。教师是一位老育英教员，不知何时抽起大烟，卖尽当光，家贫如洗。学校还想解雇他。他本来教语文，后来滑到教姥姥不疼舅舅不爱的修身课上去了。同学挺同情他，发起募捐。他不久逝世。修身课经常空堂，自习。初三时，抗战胜利，改为"公民"课。当时没课本，每人发一本蒋介石

（据说由陶希圣代笔）的新著《中国之命运》。教课的是新由大学毕业（中文系？）的邢老师。他总是提着一个黑色大皮包，外号"邢大皮包"。他掐着钟点匆匆而来，第一学期上来就抄黑板。抄的是"什么是国家？国家是土地、人民、主权"等等。下课抄完，不讲解。第二学期则朗诵巴金的小说，接着就是《西厢记·长亭送别》，十分卖力，他自己很感动，有时热泪盈眶。名义上他是初三乙班"级任"（新中国成立后称"班主任"），上课来下课走，不与学生接触。班长等人找他，他说，没大事别找我。听说他新中国成立后改教语文了。

  初二、初三换了几位英文老师，特别是一位崔老师，极为严厉，每堂课开始，都叫几个人"上黑板"默写单词，还不限于上节课所教的。我一向自有主张，反对死记硬背，屡屡受罚，主要是挨损，如什么"春打六九头，你就入了迷魂阵"之类。后来，我就逃课，回家看课外书去了。英文越来越差，这也是我后来非读中文系不可的主要原因。本来我还想学历史系中的考古一门呢，有半通不通的老先生说，梁思成先生的"建筑考古"你就学不了，专书中满是英文，中国学考古的大学者，都是留英、留美、留日的。此语在当时有一定道理，但也是外行的话。我这么一听，只有死心塌地学中文去了。现在反思，外文学过三种，哪种都不灵通，等于没学。影响一生，悔之晚矣！

育英以体育著称，可是，体育项目，我一门不门儿。初中毕业一算总账：英文差，体育不好，除了国文和外国史一学期的成绩略优，其他平平，又经常逃课，学校网开一面，放我勉强毕业，失去保送上高中资格。嗒然若失！

三、我的高中时期

初中毕业，考哪个高中，颇费思量：一要学校好；二要收费少；三是最好有老同学。初三时，刚复校，还按市立学校待遇，收费不多。听说高一就完全私立了，照一学期三四袋洋面折价收钱。我家情况特殊，要一笔学费总是费口舌。挚友张仁佑从来在全年级中考前三名，免费上学的，已经保送高中了。那时，市立五中刚在东四北大街路西接受了原日本侨民的一处小学房产，从安定门内方家胡同搬来，扩大招生，收费颇低。还有大约是设在石景山附近的工业学校，是一所中专，设三个系科（大约是电力、机械、化工），全公费，管吃管住。加上考本校，共考三个学校，考三次。那时的大中小学都是自己招生（有联招的，如北大、清华、南开联招），错开日子。一个暑假，有的学生能连着考十几次的。

我考三个学校，都取中。工业学校中的是备取第二志愿化工科，后来也通知说录取了。我对于工科毫无兴趣。五中呢，张仁佑说，他陪我"考着玩儿"时，听监考的英文老师发音太差，劝我别上。于是我还是上育英吧。

当时育英已经宣布复校，要收学费了。为鼓励应考者，宣布考高、初中的前二十名奖励免一半学费。于是，原保送而未得前三名奖励者，有的也来应试。我心想考上就不错，哪敢想奖励。考试成绩，自觉平平。国文考题，除了作文，还有一些答题。一道题是"评议李白、杜甫"。我作文快，接下来洋洋洒洒，大聊起李杜之比较，我刚自学了元稹的《杜工部墓系铭》，会背，抄上一大段，自以为好玩儿罢了，竟然取中在二十名之列。据张殿京说，国文老师传观我的卷子，张子成先生为我宣传一番。公认的国文组老师中一把手刘曜昕先生颇为欣赏，要见见我。

刘曜昕先生是沦陷时期北京敌伪办的"国学院"（古学院？）的一个师资班，或说敌伪的北京师范学院师资班毕业。他是唐山一带的人，有口音，外号"管儿刘"。"管儿"是北京中学生的"切口"，意思是"带点身体不健康而文雅的气质，瘦而个头较高"。我们同班同学萧济元、萧济棠兄弟有此种气质与身材，外号"萧家管儿"。其实，济元身材不够高，称不上"管儿"，连类而及就是了。

刘曜昕先生是育英对我影响极大的第三位老师。他住在东四九条十条那几条胡同西口路南的一个大杂院内，里院西屋。我上高一后，趋府谒见几次，送上作文。刘先生对我极为奖借，他与我几次长谈，指示说：要提高阅读品位，看朱孟实（光潜）先生的《文艺心理学》，再读文学作品，就能慢慢提高了。我赶紧去买来学习，果真有效。我学习朱光潜先生的著作，可以说是倒着来，由深入浅地学，此后才学《给青年的十二封信》《谈美》，在高中阶段学到《诗论》。此后，一直到二十世纪六七十年代，自学《西方美学史》，始终似懂非懂，但是，对我提高文学欣赏品位，肯定是大有帮助。入北大后，我对朱先生，一贯远远地景仰。"文化大革命"中，一次在北大东操场批斗周扬，我当时是家属，住东墙外书铺胡同甲二号，在家中听大喇叭，非常清楚。朱先生是陪斗。散会后，我进校，见人已散尽，只余朱先生一人，坐在操场南栅栏门外大石头上，走不动道儿了，我就搀他回家。他问我是干什么的，别给我找麻烦，我说是家属，他大概理解错了，以为我说是他的家属，避免红卫兵查问，就说"不敢当"，我也不解释了，如此护送至燕南园朱府而别。改革开放后，我参与办《文史知识》杂志，编辑部派人向朱先生求题词墨宝，碰了软钉子。我自告奋勇，充二梯队前往。家属问我是谁，我说，"文革"中那个北大家属，朱先生立即下楼，晤谈甚欢，对客挥毫。"得意不可再往"，我从此不再趋谒矣！

回过头来，再说育英的事。育英高中每个年级分甲乙丙丁四个班，大体上按成绩分班。特别是甲班，乃是准备高考，冲击清华、北大、北洋等高校的尖子班。丁班是体育、音乐等人才集中之地。乙丙两班是中游。此种划分，高一时尚不太明晰，好像那时还保留戊班。高二时定成四个班，泾渭分明矣！高一时我在丙班，高二在乙班。

教过我们的国文老师，高一是博逼晨先生。他是老旗人，一口京腔。敌伪时期，他曾应邀赴日本教中国话。他说："大轰炸，把我给震回来了！"博先生爱做旧诗，新中国成立后年先生当校长，他还做古风一首，以大字报形式贴出，表示祝贺。博先生身躯矮小，相当瘦，微有驼背，讲起话来，有时手舞足蹈，得了外号"拨浪鼓"。高二、高三就由刘曜昕、赵德培两位老师分教。刘先生教高二乙、丁，高三甲、丙；赵先生则教另外四个班。赵先生是辅仁大学（？）国文系毕业，大约初出茅庐就到育英来了，他的口才不如刘先生，我认为，当时教课，也就是把古文口译一遍。因此，三位老师教学成绩均平平。同学都说我国文好，可是我上课从来不听课，缩于最后一排看小说。因为，老师叫我回讲我不怕，背书我早会了。老师大约也知道，从不叫我。我那时正在自学《开明文言读本》，深感吕叔湘先生等位书上写的：要注意古今词义微殊，要注意古代汉语语法的特殊现象（如使动用法、意动用法等），才是读懂古书的关键。光是串讲，无助于提高。可是，我大胆估计，老师那时也不一定熟悉那些。刘先生对我的影响，主要在课外几次指导。

我深深感到,应以自学为主。

　　育英对我影响颇大的第四位老师,是教务处的王蔚然老师。王先生是多面手,平日在教务处工作,如遇国文、历史教师缺员,他就去顶。高一时,本国史先由他代理。他上第一堂课,首先讲了一段话,意思是,你们能上高中,就与初中大不相同。初中毕业,可以分流,就业、读技术学校、读高中均可。上了高中,就是奔大学一股道啦!你们首先要考虑上什么系科,要根据自己的身体条件(身体不好不宜学工与学医学),要自己爱好。"知之者不如好之者,好之者不如乐之者。"其次,从现在起,就要为将要在大学学习的系科作准备。在中学不一定门门优秀,上大学可得出人头地,那才是关系你一生的呢!

　　我不知王先生的这些话别人听后认为如何,反正我是钦佩之极,而且整个高中阶段照此执行。上大学后,极感得力。

　　育英高中阶段,每周有一堂"选修课",有无线电(学校自设无线电台,华北独一份,定时广播)、美术、音乐、公文、汽车驾驶与修理(没车,没人选)等科目,学生任选一门,学习一年后可另选别的科目。王先生教公文科,我随从学习两年,学到不少实际知识。如,接到封口的函件,应先将函件竖起来,在桌子等处"磕"几下,再往光亮处照照,看其中的内函倒向何处,然后用剪刀在空出之处裁开。

不可手撕，以免损坏。不可损坏来函封皮上的地址，以便答复。应立即在自备的收件簿上登记，复信也登记。往来登记最好作"摘由"，即公文式提要。通过见习学校与其他校（平行）、与教育局（上行）、模仿教育局给各校（下行）的各种公文，先学摘由，慢慢学写全文。又说，要写日记，个人往来信件等记录于日记之上。日记写成流水账无妨，便于尔后查考。好记性不如烂笔头。开宗明义讲的就是这些。虽然都是小事，我一生服膺实行，深得其益。

王先生代理历史课，讲到隋炀帝下扬州。此后，就由新来的女老师魏先生接过来讲了。她生得瘦小枯干，得号"魏猴"。她是大学历史系毕业，正工。讲得不差。我特别记住她说的：可以在课下广泛阅读各种历史通俗演义，配合看简单的正统的编年史，如《纲鉴易知录》之类书籍，看多了，课本上那点内容"不搂一记的"。我照此实行，得益匪浅。魏先生不久就走了。可能还是王蔚然先生来高一收摊。

高一开学不久，双十节，学校借此大开复校庆祝会。白天集会，李校长和美国白人副校长邵作德（中文说得不错）开讲本校光荣史。我想的是私立学校学费多，还不如"八中"呢！校长介绍新到校的美国白人女教师拉尔森（Larason，后来她起了中文名字：乐美生），说是"美国加尔敦大学毕业"，学生一阵哄笑，故意高喊："家里蹲大学毕业。"继以鼓掌。乐美生不懂汉语，也跟着鼓掌，起立鞠躬致谢。且说，从此，高一、高二，英语分成三门课：读本、作文、口语。口语由乐美生和萧老太太分别讲授。萧老太太嫁给中国人萧先生，不知是从事什么工作的。她的中文名字是萧祁安娜。萧老太太汉语极好，乐美生始终没学会几句汉语。课堂上口语交流，大家愿意跟老太太学。乐美生大约是美国和平队派来的，服装很快中国化，穿朴素的旗袍、布底鞋。她当时二十二三岁左右，洋派的大少爷同学常常几个人一起去找她练习口语，戏谑地称为"泡拉尔森"。我英语太差，从不敢与她交谈，口语课不及格。

返回头来说，庆祝会延长到晚间，变成同乐会大演出。大轴子是京剧《失街亭》，我们班顾承志之兄顾承明（时在高三）演孔明，顾承志演琴童。大家热烈鼓掌捧场，都听不见唱腔了。此前有各种表演。特殊的有：新来校的从日本留学回来的教体育的贾玉瑞老师闭灯操练"火棒"，我头一次开眼。我们班同学冯学理表演猴拳，上蹿下跳，动作熟练敏捷。全体同学不断地跳将起来，为之呐喊助威。实乃同乐之高潮也。

为什么大家如此拥护冯学理？他的家长从小为他请来有名的武术教练。他自幼习武，长短器械全拿得起来，专长各种棍法，如行者棒、十三节鞭等。拳法尤精，特长是猴拳及擒拿术、连环童子腿等等。一人打三四十个我这样的无能之辈不在话下。他练得身材匀称，臀部毫无赘肉，得外号"小屁股"。尤其值得称赞的是，他人品高尚，武德极好，平日言语柔和，从不与人红脸，没见他嘴里吐过脏字。他向来不谈习武的事，一般的同学问，一笑而已。他和我共同的同年级挚友萧豹岑想向他学十三节鞭，他说那是进攻型武器，只教给老萧七节鞭，说："以此防身，足够了。""文革"中，萧豹岑的鞭被认为是"凶器"，上缴了。改革开放后，老萧想索要回来，我劝他再买一条算了，萧豹岑说："那可是纪念品！"究竟不知此鞭索回与否。

冯学理生于1928年，在同学中算老大哥，人缘忒好。抗战胜利后，起码出了两件事，使他全校扬名。一件是，有四个美国兵，把一个与冯学理并不认识的中国姑娘堵在小胡同里，欲行非礼，冯学理听到呼救声，赶往与美国兵说理。美国兵以为冯学理是个小孩子，挥动美国拳就揍他，岂知一上手，被他借力使力，外加扫堂腿、点穴，全打趴下了。美国兵向来打不赢就跑，爬起来一伸大拇哥以示佩服，拍拍土，溜啦！再一件事是他在暑假中到兄弟学校汇文中学学生宿舍访友，正在三层楼上睡午觉，楼下着火，消防队来了，不施救，抽着烟卷，和学校领导讲价钱哪。烟火越来越大，冯学理给熏醒了，一跃而起，先将所有的被褥定点扔下来，然后从三层楼一跳，跳到被褥上。消防队见他如此英勇，当场把一根喷水管交给他啦！他新中国成立后参加解放军海军，任教官。结婚前转业到天津，现随子女就养，偕老伴到美国，安度晚年。

　　高一学生物学，宏怀麟先生讲授。宏先生课讲得极好。他在生物教室兼实验室后开辟一间小房间，有床可住宿（大多是睡午觉吧？），并备课，会见学生。我学得很用心，他相当欣赏我，以为我要学医，告诉我："要学医，学外科，掌握柳叶刀。"我说身体差，他一看，也是的，就说："手术台你怕站不下来！"他原来在师范学院（即新中国成立后的北京师范大学）兼课的，教完我们这一年级，就专门教那边的"生理学"之类课程去了。他新中国成立后在首都师范大学分院（俗称"牛街大学"）教课。他有个治不好的病：睡着了大声打鼾，隔几间房屋都听得极清楚，声震屋瓦。大约为此，终生不得重用，连家也很少回，独居牛街。我认为，他是我的一位好老师。我敬重他。

　　英文读本与作文虽然分成两门课，可都是一位老师教。高一教我们班的是庞牧师，他年约三十多岁，到美国教会神学院进修一年，才回来。这时，公理会（在育英、贝满的领导机构设于贝满初中部东侧的一座小楼内，其西为公理会灯市口会堂）在学生中组织"团契"。这是一种为想进一步了解基督教教义的初受洗者和想入教的人设立的松散组织。一般十几人就可组成一个团契，育英是按年级而打破各班界限，必须请一位牧师或牧师夫人为指导。这时，甲班张仁佑等拉我加入。我在团契内认识了不同班的黄传鼐，后成挚友。我建议请庞牧师为指导,以便联络感情。我怕的是英文不及格。这个团契取名"圣诚",发给每人《圣经·新约》一本,大致每周活动一次,先在导师即牧师指导下读一段经文,然后讨论。后来,牧师看我们这一群人没有一个教徒,也都没有受洗之意,就不常来了。大家就自由了,下象棋,聊天,变成同乐会啦!

英文是育英强项,请到好几位优秀教师。高二与高三,英文教师有年景丰先生,兼训育主任,但他似乎从来不管训育的事。据说他有教大学英文的水平,是育英英文教师中顶尖级人物。他赋性舒缓,外号"黏糕"。他是新中国成立后的第一任校长。于临之先生,兼图书馆主任。据说他英文仅次于年先生。他说话带天津口音,说英语亦如是。他在抗战胜利后应聘"军调部",为共产党当翻译。新中国成立后他入了党,调到白堆子的外国语学校当领导去了。郑五章先生,他是基督教信徒,但不传教。这三位在高二、高三教过我。

数学也是育英强项。主要的教师有:高一学三角,王质甫先生讲授。王先生讲课如转磨,慢慢磨蹭,一本教材能讲半本就不错了。他有高血压。那时也不讲究吃药,有时,他在讲课过程中就犯晕,只可回家休息,理一次发就好了。那时的理发师会揉太阳穴、掏耳朵等技术,有助于缓解症状。高二学代数,老师有张肃庵先生(解放初评为特级教师)、李树培先生。李先生刚由北京师范学院（即后来的北京师范大学）毕业，就教我们班。新中国成立后曾任副校长。二位教得都很好。特别是李先生，他为人和平宽厚，没有脾气。他刚毕业就能教得基本上与张先生不相上下，实在是不容易。有的同学看他年轻，有点欺负他，他相当忍让。一次，下课时，朱自明（因为这名字有与朱自清先生排行的意思，所以我记住了，我与朱自明关系挺好的，在此仅作举例用，并非说他不好。他为人不错，只是那次有点冒失了）做得太过了，李先生气得抄起椅子要打，众人劝阻，也就作罢。我向来尊师，李先生和后来教我的张肃庵先生（张先生的儿子与我同学）待我都很宽厚。只是我不爱交作业，他们也都马马虎虎，不催不逼，相安于无事而已。

　　高三开两门数学课。"解析几何"是新课，黄子彦先生亲授。黄先生是一位极为敬业乐业的教师，他几乎把一生都交给了育英。他是教务主任，实际上我看他是训育主任，学生的操行分数都由他评定。据说他青年时期爱好足球，专任守门员，得外号"黄狗"。在操场上与"大土匪"李校长熟识了，被延揽来校。他从无疾言厉色，不怒自威，学生在全校教师中最怕的就是他。他独居四院东侧小花园入口处"翠微居"之内，白天坐在图书馆西侧教务处。学生路经这两个地方，急趋而过，不敢仰视。黄先生管理学生，全仗威信，他从不与学生多废话，简单的几句有口音的口头语："学生啊,学生!"就把学生全镇住了!他是不怒而自威。他的业务水平也高,头脑清楚,讲课有条有理。新中国成立后评为特级教师。

杨仲兰先生外号"杨包",不知何所取义。他是育英数学教师中顶尖级人物,新中国成立后评为特级教师,曾任副校长。他教高三"温习数学",这是育英特有的一门课,是把近几年全国各高校的高考数学题汇总,再加上杨先生认为可能要考的数学题,其中包括代数、三角、平面几何,但没有黄先生正在教的解析几何,编成油印讲义,内容各年大同小异,实为高考数学敲门砖。这本讲义在课堂上讲不完,挑着讲,杨先生另在家中开小灶,讲那些课堂上没讲的内容。小灶一组最多十几人,多了杨府坐不下。于是乎,每天傍晚几乎都有一个组,轮换听讲。这是杨先生个人收费的。解放了,还开过几年。杨先生入党前后就不再开这样的班了。我从没到杨先生家中去过。

高中化学课由仓孝和先生讲授。据说,仓先生是中央大学(今南京大学)新毕业的高才生,因"恋爱关系"北来,被李校长罗致。仓先生性格沉稳,说话不疾不徐,极有条理。他在大学一定学得很好,可说是站在当时的化学前沿上的。他一人住在三院学生宿舍,团聚了一批学生,从比我们高一个年级的,到低两三个年级的全有,经常在宿舍内放外国音乐唱片供大家欣赏。新中国成立后才知道,他是地下党，在组织"民青"等活动呢！育英经他培养入民青以至入团入党者不少。他是新中国成立后育英第一任党的书记，后来曾任校长，再后来，调北京师范学院（后来的首都师范大学）担任领导工作去了。前些年，他在一次出国访问回京时，因疲劳过度逝世。

高二高三的历史课，刘士鉴先生讲授，地理课，韩兴民先生讲授。他们二位当时大约都大学毕业不久，缺乏教学经验。刘先生口才尤其不行，可是备课认真。好在学生也不重视，彼此相安无事。听说，新中国成立后他们二位教学能力大有提高。

彭锦章牧师是高中"公民"教师，外号"甭紧张"。他口才极佳，英语忒棒。一次，公理会从美国派来一位视察的牧师，一句汉语不会，愣要给学生布道，于是分年级集合到灯市口公理会会堂。彭牧师任翻译。美国牧师年约不到三十岁，西服革履打领带，比穿长袍的彭牧师得小十几二十岁吧。他说一句，彭牧师立即口译一句，不打磕巴。他说到一时兴起，先脱上衣，接着扯下领带，往旁一扔，彭牧师顺手接住，再解衬衫纽扣，捶胸顿足，大吼大叫，颇有厮杀之势。难得的是，彭牧师也适当地随美国鬼子的情绪起伏调整自己的口译，使之也进入情绪化，只是适当控制，没有那么疯而已。我平生只听过这么一次布道，后来阅读外国小说中有关那些神父、牧师布道的淋漓尽致的描写，也就见怪不怪了。我对彭牧师的英语水平，可是钦佩到极点啦。

彭牧师讲公民课，因事忙，经常请假。学校视此课为赘疣，也不追查。有时，美术杨老师来讲点时事。彭牧师来上课时，也常并班上大课，不用教材，随口神聊，但不传教。他常设定些敏感性题目，引导学生课堂讨论，自由发言。一次讨论"美国政治民主，经济不平等；苏联经济平等，政治不自由。哪个好些"（大意如是），大家争相发言，辩论激烈，大体上以彭牧师为一方，学生为对立面。朴景济学长思想激进，听说书包中常带有《大众哲学》等违禁书籍。他出身豪富之家，没人认为他是共产党，给取了两个外号"朴疯子""左倾幼稚病"。他发言最为积极，人称"朴大炮"。这种辩论并无结论，彭牧师说："我还是喜欢美国民主的。"朴景济和他的与我们同年级的哥哥朴景丰，还有朴景丰的妻子（在贝满上学），于新中国成立前投奔解放区去也！

四、我们用过的一些教材

初一初二时期，我们的国文、修身、历史、地理、日语等课本，都用敌伪"教育总署"的统编本。印得相当考究，薄道林纸，浅黄色硬壳书皮，书脊镶一道褐色漆布。我研究过，这些书籍反日内容固然没有，歌颂日寇的也几乎见不到，是一种"中性"教材。我专门研究国文课本，从初一到高三的全借来翻阅，发现编者既聪明又省力，他们不是自己编，而是取一种抗战前的课本，大略检查，删去明显的有抗日内容或容易"引起误会"之处，就算大功告成。原课本不知是哪家出版机构所编，水平甚高，陈义也甚高。后来的课本，除了新中国成立后昙花一现的人民教育出版社由叶圣陶先生主编的《文学》《汉语》并行的那一套以外，就得数它了。特别是高中课本，除前半课文外，后半部分是语法、修辞、作文法则等等。我以之自学，得益不少。

初三起，国文课本换来换去。高一用正中书局本，国民党御用外加抗战气氛甚浓，有《楚辞·国殇》、史可法与多尔衮往来公文、北伐宣言、蒋介石布告等等。高二、高三，改用顺着历史从古到今排列法的课本，没讲到《赤壁赋》，就该解放啦。

20世纪20年代以来，北京的师范学院有一个同人自办私营的"算学丛刻社"（社名记不清了，可能有误），翻译英美流行的数学课本，也自编一些，诸如《范氏大代数》《温德华氏平面几何》之类。此校毕业生大部分在中学界服务，大肆推销此种课本。我们使用的，大多为这样的课本。另有在书摊上单独零售的"解题"，不爱做题的，可以买来誊抄或对答案（有的题只给出答案，不列解题过程）。

英文课本，大多规抚林语堂或周越然所编，换汤不换药。物理、化学课本则是外国课本的译本，或用外国课本改头换面编写而成。高中生物课本是大名家"陈桢"所编，附图绝大部分均自外国书籍翻印，但注出来源。新中国成立后批判说："连蚯蚓图都用美国蚯蚓，中国连蚯蚓都没有吗！"这话有一定道理。但是，以中国那时的制图水平，就是画出来，印刷成本也够高的。出版家和作者都得打打算盘呢！

五、个人在校学习的经验教训

先母留学法国，带回崇尚自由的风气，她对儿子采用"道尔顿"制教育法，听其自由发展，但暗中给以"熏陶"。我从小就自由主义化，尊师，但不爱听课，习惯自学，偏科而且自搞一套。育英给了我如此发展的自由土壤。即以数学作业而言，我上高中后经常不交，而且向老师交心说："我将来想上文科。数学给了我科学地锻炼头脑的良好机会。但是，同类作业做多了，产生反作用。我想学会就行，适可而止。"老师居然认可。如果当年上了辅仁或五中那样钉坑凿死的地方，早晚开除。

但是，辩证地看，育英一则是重视数理化生课程的，二则重视体育，三则老是出些文艺人才。我上育英，格格不入。就以考大学来说，几年出不了一两个上中文系的。上中文系的，有专凭兴趣的，大多有点文艺才能。如挚友萧豹岑，写小说，作诗填词全会。像我只是向往古代文献的，简直是个怪物。育英所教的，我学得太少，费时多而收效寡，亏啦！回头一想，上别的中学更不成。

以上仅就我个人所得而言。我对当时以至当代的中学教育，也因切身感受，产生一些偏颇的思想。说出来供大家批判。

我认为，中国学校，主要是中小学和一些三流大专，大多想"一个模子倒出一笼屉鸡蛋糕"，追求整齐划一，忽视个性，不利于一个人一生的发展。社会需求导致职业多样化，较早地进入专业化，如从第九、第十年开始多种分工，对学生更有利。

我认为，一般的人，科学水平达到初中毕业程度就可以了。中国高中的数理化教学内容有点高深了。我们应该把最新的科学成果和最基本的科学知识，采用通俗的、深入浅出的方式，在初中阶段传授给所有的学生。有志于学习理工农医的，高中及可以开设的大学预科中，可以按专业需要分别重点讲授。想学文科的，参照学理科的办法，另行安排。现在高中的文理分科，一则太晚，二则不细，三则以考大学为目的。我看，与培养人才的长期目的不合。

我认为，中学越来越使用题海战术。吃两个馒头就能填饱肚子，吃十个没用，反倒起反作用。有些数学定理定律，不必反复证明，让学生知道就行了。倒是应提倡多读课外书。相关的课外书读多了，课本的内容也记住了。

我认为，英文课本和英文作文，走的都是英语系爱好文学那批人划定的路子，高中课本文艺性过强。如我们在高二，学的有王尔德的《快乐王子》、英译的列夫·托尔斯泰的回忆录等等，拿起报纸，多数同学还是看不懂。作文呢，老师根本不教，出题让你做就是了。我的应对法经高年级的秘授，买一本"英文模范作文"，每页摘抄一两句，东抄西抄海抄。还在范本上划杠：下回别抄这几句啦！

国文课本，文选或为拼盘式，水平不一；或为文学史上下贯通式，由深入浅。作文更是老师出完题就走，大家随便划拉。结果是，连写信的格式和信封的写法，都是我自学的。此种作文法，以之写情书不足，写应用文不会。学理工农医科的，上大学后写报告得现学。学文法科的，不会写小论文，写书评也不灵。

理科呢，应利用教具直观教学，但要重视实验时防止意外。这一点育英做得较好，十分强调规范。我记得，闻液体时，不要把鼻子凑上去，应用手扇动冒出的气味，在瓶子外面闻，以防中毒。倒液体时，应将有标签的一面朝上，倒完以后平置时，流下的残余不至于污染标签。这都是常识，但带实验的老师堂堂讲，深入人心。至今，我吃饭时闻闻哪瓶是醋，以及倒油、倒醋、倒酒，习用此等方法，并用以观察某人的化学实验学得如何。

育英是教会学校，学生信教者甚少，而且越在校年头多了越不信，口头语是："耶稣爱我，我爱耶稣。耶稣爱我小白脸，我爱耶稣×××！"甚为轻佻。个别信教的，如杨牧师（与育英的公理会没关系）的儿子杨安溪，他从小是真信，大家很敬重他和他的信仰，不与他玩笑。有些洋派贝满小姐领洗，大家认为起码像宋美龄一样，难说信不信。但是，个别的非基督教家庭出身的穷学生，如果受洗，大家就怀疑他的入教动机不纯，背地里管他叫"吃教的""美国校长的干儿子"等等了。我胆子小，不敢参与此等嬉戏。但是，我也是越来越把信教看成逢场作戏，至少是为了仗着教会吃饭，敷衍洋人罢了。我敬重各种宗教，可是越来越无神论化。"文革"中有人无限上纲，说上教会学校的人都受教会教育影响，倾向信教。我认为，恰恰相反。

附一：萧豹岑学长哀辞

弹雨巴山话少时，负笈灯市夜联诗。沙滩寂寞中宵返，涸辙沾濡薄醉宜。贤媛德配神仙侣，《秋草》新集锦绣词。五十三年交若水，惊闻永别梦中疑。

君为中央文史馆馆员萧劳（名崇原，字钟美，北大中文系1919年毕业先辈）次子。先慈师事萧老，有通家之谊。

呼君"萧哥",后君竟以"箫歌"为笔名焉。1939年避寇入川,同学于北碚实验小学,抗战胜利后复同学于育英高中,再同学于北大中文系。时课堂与图书馆在沙滩红楼,男生则宿于三院,君常夜读,宵分方归,以是每试辄冠,而得游泽承(国恩)师青目。惜以亲老家贫辍学。予毕业后复在北京市教育局与君同事,相对伏案者十年,相濡以沫,尝以薄醉共遣。君长身玉立,风仪隽爽,与夫人王竞华有一对璧人之目。年方弱冠,所为诗词已有烟月扬州之誉。近年精选所作成《秋草词集》出版,蜚声海外。君具中国知识分子传统美德,不慕荣利,不趋炎附势,笃于旧交。晚年供职北京市文化局艺术研究所,任戏剧编审。汲引后生如恐不及,学术道德均称师表。君子女各一,萧盈、萧可佳两少君均在美各有树立,英挺明爽,不啻老友当年。君可瞑目矣!谨书予两人三代交谊始末,以抒予哀。1991年4月12日,君逝世之次日。

附二:张仁佑学长传略

张仁佑(1931—1997.7.11),1937—1943年就读于灯市口小学,1943—1949年就读于育英中学。是公认的优秀生。就读于北洋大学、清华大学,均在化工系。院系调整后在天津大学化工系毕业,即参军,入中国人民解放军防化兵学院执教。他曾参加西藏平叛，在唐古拉山战役中荣立集体三等功。1978年转业，在北京化工大学应用化学系任副教授、教授，主讲物理化学、界面化学、表面化学等课程，并带过多名研究生。他坚持科研工作，承担过多项国家自然科学基金项目，在非稳态法研究催化反应动力学及化学振荡等方面形成了颇具个人特色的学术领域。发表过论文数十篇，编译出专著两部。特别是在1986年患心肌梗塞后的十多年中，仍然精神饱满地坚持工作在第一线。在教学与科研中，他都表现出坚忍不拔的毅力和勇于探索的献身精神。他谦虚谨慎，先人后己，乐于助人，待人热忱、真诚。他一生自奉甚俭，一贯布衣蔬食，安步当车，不求时尚，不慕虚荣。他是一位优秀的学者和教育家。

附三：送别老同学挽联

所挽主要是1949届育英同学，个别的是1948届、1950届的。均系以老同学集体名义所写。留稿以表友谊长存。

挽朱柏龄

海淀公安分局退休干部。1992年1月27日逝世。

老友最相亲，忆昨岁尚陪一夕话；

少年曾共砚，嗟此生无复并肩游。

挽胥伯勤

在校时低一班，1950级。1992年4月29日逝世。遗言捐献遗体。

悲灯市同游，进步带头，功绩早留革命史；
痛知交遽渺，遗言献体，典型今见振奇人。

挽韩嘉（韩玉珠）

在校时高一班，1948级。中国社科院文献中心党委书记。1992年6月26日逝世。

共砚忆前尘，是学侣楷模，早随革命求真理；
斯文怀遗爱，存名山事业，新集文献建中心。

挽陈伯涛

曾留学苏联。北京师范大学化学系教授。1993年12月12日逝世。

五十年总角订交，回首生平，独步人师君不朽；
三千士同窗赓逝，感怀故旧，重游灯市我何堪。

挽丁孝模

大学学习矿业冶炼，后为出版社编审。1994年1月20日逝世。

老境太凄凉，拄杖殷勤联旧雨；
生平最宽厚，冲怀恬淡解连环。

挽谢群（谢振华）

1949年在校时组织地下社团"黄河"。新中国成立后参加南下工作团。后任广西柳州市对外经济贸易委员会主任兼党委书记。1995年9月2日逝世。

南下前驱，曾挥赤羽鸣钟鼓；
高中共砚，忍话"黄河"组社团。

挽张仁佑（生平见前小传）

六载溯同游，忠厚谦诚友情无间；
一心攻专业，博达勤奋学术有成。

挽傅亨

毕业于北京大学化学系。在科学院工作。1997年10月10日（阴历九九重阳节）逝世。第二副联系代北大化学系1953届老同学作。

三益愧君多，荷衣灯市难忘共砚；
九日伤人老，白首同窗又少一人。

学术慕善专长，造诣足增吾辈重；
才能堪继名父，言行交誉众人仪。

挽闻贵清

解放初南下。深圳市公安局长，深圳市人大常委、副委员长。1998年7月4日在深圳逝世。

保障一方，公论廉能青史在；
同窗六载，故交弦诵白头稀。

附四：送给1949届老同学的寿联

[说明] 前一副系以老同学集体名义所写。只此两副。

贺年景禾七十寿

年为育英地下党带头人。新中国成立后在公安部工作。1997年1月10日七十大寿。

老友中推硕彦；
今日始向期颐。

王禹功、谢福苓八十双寿

王、谢均系地下党系统，夫妇均任职北大，双双离休。2005年秋双寿八十。王为育英1949届同学中的老大哥。

青春携手连心，双栖展翼；
老宿齐年偕庆，百岁同登。

人海栖迟

记1947年北平秋季运动会

"北平市三十六年度秋季运动会",是在1947年10月18、19两日举行的,堪称新中国成立前北京市历届运动会中最为"丰富多彩"的一次,不可不记。笔者当时是育英中学高中二年级的学生,见闻有限,不过过采朝华掇晨絮,聊资谈助。

一、抗战胜利后市运会情况简述

抗战胜利后至新中国成立前,北平市共举行了五届市运动会。这五次运动会的名称与时间为:"北平市中华民国三十五年度春季运动大会"(以下各届用简称),是在1946年6月1日至2日举行的。而三十五年度秋运会,则举行在10

月10日至11日。此外，三十六年度春运会，举行于1947年5月3日至4日。三十六年度秋运会，举行予10月18日至19日。三十七年度春运会，举行于1948年5月14日至16日。以上运动会会场均设在先农坛体育场。

先农坛体育场是当时市属唯一像样的正规体育场，1934年始建，1936年初具规模。原为迎接1937年10月将在京举行的第十九届华北运动会而建，因卢沟桥事变中止了此会。以后日本人指挥继续修筑，主要是完善了看台，并在此举行了至少两次市运动会。它还常作足球比赛场。

抗战胜利后，国民党北平市政府教育局主持召开运动会，田径赛在先农坛运动场进行。球类在别处分散比赛，不计入总分。田径赛计有男子高级组（大学、社会团体、成年个人）、男子中级组（高中）、男子初级组（初中）、男子小学组。女子亦分四组，但有时因报名人数少，高中生成绩又常比大学为好，所以将高、中两组合并为公开组。每项比赛均取前四名，按五、三、二、一计分。各组均计团体与个人总分。

实际上，竞争最激烈的常在男女中级组，这与若干中学领导重视夺标而大学校长却相当藐视体育有关。但破市级以上纪录的当然常在高级组。

男中组，前三届育英中学（今二十五中）第一，且成绩常近于二、三两名之和。现将这三届男中组总分列表如下：

		1946年春秋		1946年秋季		1947年春季	
		校名	总分	校名	总分	校名	总分
第一名	田赛	育英	27	育英	31	育英	36
	径赛	育英	41	育英	46	育英	30
第二名	田赛	志成	14	汇文	17	汇文	15
	径赛	师附	28	北方	15	五三	27
第三名	田赛	北师	7	志成	16	志成	11
	径赛	志成	27	五三	10	志成	10
第四名	田赛	汇文	7	北方	6	新华	5
	径赛	汇文	20	志成	9	汇文	7

育英中学的优秀选手，云集于四八、四九两届高中毕业班，尤以四九届者为多。下面将提到的好手，多为四九届学生。

女中组，慕贞（新中国成立后女十三中，今一二五中）常为第一。1946年"春运"，慕贞总分53分；第二名贝满（新中国成立后女十二中，今一六六中）只得33分。1946年秋运会设女子公开组，慕贞第一，49分；第二名国立北平体专，按说是专干这个的，可只得41分。女选手中值得提出的是慕贞跳远名手张美慈。她长身玉立，温文尔雅；爱文学、音乐，又擅田径、球类，堪称全才，获过三届跳远冠军，而且愈跳愈远，成绩分别为3.94米，4.49米，4.66米，最后一次破华北纪录。笔者1950年入北大中文系时，她已是系中老大姐，校篮球队主力；1952年毕业后执教于一五七中。现已退休。

二、体育王牌育英中学

美国基督教公理会在北京设男女中学各一所，男中育英，女中贝满，地点均在灯市口。育英高中部在东口内，称四院；初中部在西口内，称一院。另有三院，南端为宿舍，北端为椭圆形外绕三百米跑道运动场，在骑河楼。还有个二院，在青年会对面小胡同内，系一空场，冬季有人承包，搭席棚泼上水冻成溜冰场，公开卖票。

育英中学校长李鹤朝，字如松，以字行。他出身于基督教教民家庭。民国二年（1913年）的第一届华北运动会、民国三年（1914年）的第二届全国运动会，均在北京天坛内举行，李如松均得短跑冠军。他还出席过远东运动会，并得了名次，时称"短跑怪杰"。副校长美国牧师邵作德，体育爱好广泛。李如松曾发宏愿，要保证在校学生中五分之四以上的人都能玩一两项体育项目。

育英的英语、数学、体育三科师资力量忒强。笔者在校时，体育教师有贾玉瑞、黄健（中美混血儿，现在美国，非新中国成立后教练黄健）、孙鸿年、龚明信、齐祖谭等十余人。外聘专项特别教练刘长春、于希渭等十余人指导运动队选手，每人每月约送一袋面为酬。还有管玉珊先生为"木乃伊"篮球队教练。

育英高中各年级分甲、乙、丙、丁四班。甲班为高才生尖子班，乙、丙班成绩差些。丁班主要收容体育健将、吹鼓手等特殊人才。对拿名次的体育健儿百般优待，如可以不交学费，白住校，比赛前后一个多月免费供应营养伙食（牛奶、鸡蛋之类），有时因人而异地发点零花钱。育英极力以此种优厚待遇招来别校的种子选手，如，跨栏高手宝广信，初中时在盛新中学，高中被黄健挖来。又如，中距离跑名手赵学鸿，在五三中学，育英派赵的好友金森（新中国成立后曾任四川省篮球队教练）去游说，花说柳说，赵动了心，金森趁热打铁，立即雇了三轮，帮赵拉铺盖去育英三院宿舍。岂知一出五三大门，迎头撞见赵的恩师、体育教员温树朴（新中国成立后在北京地质学院任教，现已退休）。温先生眼睛一扫，便知二人所干何事，金森一见不妙，把行李往车上一扔，跳上三轮，溜回育英报功去了。赵学鸿垂手侍立，温先生急得说不出话来，大嘴一咧，哭啦。赵赶紧说："老师，您别这样。我马上去把铺盖卷儿拉回来就是了。"

三、志成觊觎冠军宝座

前三届市运会育英均获总分第一，且积分忒高，表面上坐稳了冠军宝座，但觊觎者非无他校。志成中学就处心积虑，要在第四届上与育英决一雌雄。育英的强项在短距离跑、跨栏、跳远与三级跳、撑竿跳等项目上，几乎聚集了这些项目当时本市中学生中所有尖子选手，但中长距离跑实力较差，三铁成绩也不稳定。育英的另一弱点是尖子多而二线队员少，这是"精兵政策"导致的不良后果。

志成首先抓中长距离跑，培养出名手马志忠（外号马黑子）。不料二三届运动会时，五三中学出了个赵学鸿，赛过了马志忠。马气性大，说："北平市没有我了！"从此他往。志成又从唐山搞来5000米、1500米名手钱宗国，1500米、800米、400米名手马志伟，二人实力与赵学鸿相伯仲，非育英同类选手所及。这是两匹黑马，志成的秘密武器。

1947年四届市运会开幕的前两天，即10月16日，忽然传来消息，说志成已在体育场东门外空地露营。这显然是为了"试场"，即抓空场时在正式比赛场地的四百米跑道上作适应性锻炼；同时也免除运动员往返之劳，比赛当天更有地方休息。花如此大的人力、财力这般搞，以前从未见过。育英向来只在三院三百米不规范跑道上训练，正式比赛定然吃亏。全校吃惊，认为新闻。当即由初中派出几名童子军，骑车化装前往打探。所谓化装，不过脱去学生服，装成小店铺学徒模样。不化装犹可，一化装贼头贼脑，丑角模样十足。

同学们三三两两站在育英校门口，耐心等待消息。约半天工夫，车铃声阵阵，自远而近，一字长蛇飞车到门。"众探"滚鞍骗马，个个神色仓皇，连呼："厉害！厉害！"众人呼啦一下围上来，问道："何事惊慌？"

据其报告，志成搭了十座帐篷，每座帐篷前都垒起吃饭、工作多用土台。中心架设一座木桥，盖起四个花坛，铺平一个球场。四围圈起绳墙，仅南端有一大门出入。大门用松柏枝叶装饰。门上有英文字，译成中文是"中国童子军志成中学团部"。门口有两名持军棍的童子军站岗。绳墙内北侧，有梯子搭成的约两层楼高的瞭望台一座，上立一名童子军，用金光闪烁的黄铜套筒单眼望远镜（纳尔逊、邓世昌用的那种，这时已具古董性）窥测四方。大部分运动员和教练已去先农坛场内训练。当我方探子正探头探脑之际，忽听对方瞭望哨大喊："北方五十公尺开外发现可疑分子！"斥候兵蹬车便跑，一路飞驰，不断回头，无人蹑踪，才平安抵校。

四、育英加紧应急对策

志成势态咄咄逼人。育英对策是扩大并加紧训练啦啦队，以壮声威。

唱第一句时，红黄蓝三色校旗上下举三次，唱最后一句时，校旗做三角形状挥动一次。此外，临时抓哏，现编词现喊，由几位手持大喇叭的队长带领。吹鼓手军乐队全套洋鼓洋号，一起出动。

　　前几届比赛时，常因他校犯规影响我校成绩，我校口头抗议从未无效。这次看志成来势凶猛，深恐场上有变时无法应付，所以带了学校的关防（当时学校用的长方形大印称关防）和公文纸、毛笔、墨盒、折叠小桌前去，准备当场写正式书面抗议。顺便提一下，育英高中设选科，每周一两节课。学生任选一科，有无线电（学校自设电台，定时向市内播音，全国中学独一份）、汽车、音乐、英文修辞、公文程式等科。公文科由教导处王老师讲授，他公文娴熟，会多种窍门。笔者选此科一年多，已是高才生，有时能为学校起草几份简易文稿，颇受王老师青睐。此次王老师亲率公文班多人随军，专为实习打官司。

五、本次会特点与赛前预卜

　　当时已宣布，第七届全国运动会将于1948年5月在上海举行。北平市市长何思源和教育局长王季高放出风来，说市里财政困难，无力派出强大队伍，要有能力拿分的项目才派。四届市运动会适值全运会之前，带有观察性质，成绩好的运动员方可有望参加市选拔赛。所以，运动员都全力以赴，力争出好成绩。果然，破两项全国纪录、两项华北纪录、八项本市纪录。收获之丰，令前三届及后一届望尘莫及。这是本届运动会一大特点。

赛前各报多做出预卜。男中组一致看好育英。如开赛当日的10月18日，《华北日报》预料："育英中学参加的选手最多，听说成绩也最好。这次拿总分第一，想不致有若何问题。"附带说明，贝满女中这次没有参加，表面上说因与期中考试冲突，队员无时间训练，实际上恐怕因前三届与慕贞争分老上不去，又总和裁判闹纠纷，这次看到自己实力也不足以一争，小姐们赌气不干了。

六、窝头冠军与牛肉冠军

女子铅球、铁饼两项全国纪录，均为女子高级组体专学生王灿华（新中国成立后任职上海体院图书馆）所破。其队友冼少梅（北京体院教练，已退休）获亚军，均破华北纪录。成绩如下：

铅球，王掷11.22米，打破1933年10月11日马骥创造的10.35米全国纪录。冼掷9.96米，破9.35米的华北纪录。

铁饼，王掷33.37米，打破1935年10月12日陈荣棠创造的30.055米全国纪录。冼掷29.90米，破28.12米的华北纪录。

王灿华并获女高组80米低栏亚军（冠军为张文质），积13分，女高个人总分第一。

但应说明，1947年5月13日，王灿华在济南市春运会上，已以12.11米成绩破了铅球全国纪录。此次掷11.22米，并未打破自己保持的新纪录，只能说破了华北纪录而已。不过当时各报神吹，说她为本市增光。实事求是地说，本次市运会是女子一次破全国纪录，三次两项破华北纪录。

前三届市运男高组铅球、铁饼冠军是中国大学（校址即今国家教委所在地）王瑞，这次他没有参加。他是回民，自称爱吃牛肉，小报记者拿他开心，称之为"牛肉冠军"。王灿华是山东姑娘，刚来北京上体专，得冠军后，记者问她是不是也吃牛肉，她很憨厚，说："俺没钱，俺吃不起牛肉。俺天天吃窝头。"记者更加穷开心，立即称她为"窝头冠军"。其实，这正反映出旧中国运动员生活之凄惨，奋斗出成绩之不易。

七、拍电影大起风波

这次会的另一特点是怪事忒多，最大的怪事是由拍《郎才女貌》电影引起的一场风波。

原来，国民党政府中央电影制片厂第三场以给运动会拍新闻片为因由，同时要以会场和观众为背景，拍故事片《郎才女貌》的特写镜头。大会主办人予以默认。10月18日中午，工人、导演、明星全到，摄影机、录音机、反光机赫然放列，占据场地一大片，轰动一时。19日上午，导演陈铿然亲自指挥，男女主角项堃、吕恩试拍两次，顿时全场骚动，看台上的哨声、倒好声不绝于耳，比赛停止。大会派出总管理徐英超（新中国成立后曾任北京体院副院长）、副总干事吕庭立（后任1948年全运北平市领队，新中国成立后任东北师大体育教研室主任）前往阻止。陈铿然说："再一个镜头，十五分钟就完。"吕说："长官认为这里的秩序太坏！"双方互不服气，戗戗起来。徐、吕又说："奇装异服，有碍观瞻。""运动会是教育性的集会，风化所系，不能有男女嬉戏的举动！"前一句话指吕恩的着装，她身着深绿色上衣，白衬衫；下穿长过膝盖的豆绿女西裤，长筒丝袜。现在看起来很平常，可是，1947年哀鸿遍野，衣不蔽体者甚多，而且当时当地又不是在王府井或跳舞厅，吕恩这套时装可算是："万蓝丛中绿一点，动人秋色不须多。"后一句话指两个人的表演。其实，他们只不过装作说悄悄话而已，与当今青年在马路、电车上的公开搂抱不能相比。可那时大伙瞧着这场景，不免起哄。

　　双方交涉早超过十五分钟，全场一切停顿，看几位的"表演"。电影界人士口齿伶俐，认为徐、吕说法侵犯名誉与人权，不依不饶。体育家一方则越说越砸，本来有理的也成无理。吕庭立一时性起，"快刀斩乱麻"，会旗一展，召来了教育局童子军头目马永春（后任1948年全运会北平市队管理）。马将银笛一吹，四面待机的童子军混成机动部队二三百人（约相当于一个加强连的兵力）立即手持军棍，将摄影场地包围，强行遣送全体电影界人员与器材出场。

八、钱马双战赵学鸿

国民党各部门向来做事马虎，每次运动会的"秩序单"与"选手名册"都错误百出。这次尤其错得出奇。"男子高级组"印成"舅子高级组"，气得男高选手多人说侮辱人格，要退出比赛。男中选手赵学鸿的"鸿"字印掉了，就成"赵学"。赵是本市名选手，裁判都认识他，可大会就是不纠正，点名时高喊"赵学"。赵禀性温和，在场上衣装整饬，风度翩翩；遇事忍让，尊重领导与裁判（赵退休前为我国的马拉松国际裁判，还是国家级竞走裁判），从不打架滋事，因此，颇受女学生欢迎。这次会是他最倒霉的一次，赛前活动时，脚指头被人有意无意地踩伤，血浸透胶鞋，裹着绷带上阵。教练看他实在是顶不住，下令他放弃400米、800米比赛，专跑1500米。

志成的战略是"寸土必争，一分不让"，重点得分手是钱宗国、马志伟。1500米赵学鸿参加时，志成的战术是由马保钱。钱在前领跑，马在外圈压着赵（这样跑下来马多跑几十米）。三人品字形摽着干。育英的李保祥（李鹤朝的侄子，后来在顺义中学教体育）紧随在后。这时男中看台上大声起哄，齐喊："赵学，你红（鸿）不了啦！""赵学鸿减（简）称赵学！""赵学，鸿飞冥冥！"赵连急带气加伤，跑了第三，李保祥第四。800米赵不参加了，马第一，钱第二，保祥第三。李保祥为人憨厚和善而体育天资较差，全仗苦练。这次见育英总分上不去，为保李氏天下，拼了老命，挣回宝贵的三分，实为超水平发挥。李鹤朝乐得直拍他的肩膀。

第二天某小报登出一则报道："三雄决死。"副标题："钱宗国、马志伟双战赵学？！"

九、如痴如狂的啦啦队火战

场上育英、志成总分咬得很紧，交替上升。双方啦啦队如痴如狂。志成占据东南、西北、东北三大看台，敲锣打鼓，打的是京剧武戏"急急风"点子。育英占南、北两看台，吹吹打打，西洋音乐，啦啦队歌也顾不上唱了。志成胜利，就喊："好不好，妙不妙，你问育英就知道！"育英还口："一二五，一二五（两个一二五相加是'二百五'），志成中学大白薯！"慕贞的啦啦队别具一格，贝满不在，她们就向着育英。她们的"银笛队"有西洋乐器，什么长笛、短笛、单簧管、双簧管、英国管、巴松管、萨克管等，吹出各种悠扬小调，倒也冲淡了场上的火药味。她们的啦啦队歌词很别致:"上山流水稀里里里里里,下山流水哗啦啦啦啦啦啦。"不明其义何指,但女声合唱颇为动听。

眼看要打起来,笔者摘下校徽,借水遁溜之。

十、牟振先虽败犹荣

应该说,育英实力仍是很强,预计的拿冠军项目,几乎全到手了。如徐邻善(新中国成立后在中国人民公安大学)获110米高栏(18.4秒)、400米中栏(64.3秒)两项冠军。吕学孟(现在台湾经商)获100米冠军(12秒)。梁淞基(现在广西政府部门)获200米冠军(23.7秒),吕获亚军。刘衡洲获撑竿跳冠军(2.75米)。刘富获跳远冠军(6.08米)。李世兴(新中国成立后在北京建筑行业工作,已逝)获铁饼冠军(29.89米)。论个人金牌,还是育英得的多。此外,如杜宝林铁人三项第三,李凤林400米第二,哈毅三级跳第二,梁淞基100米第三,还有李保祥,都为本校立了汗马功劳。这些位大多与笔者同级,可以说,四九届是这次会上育英的主力。

志成争冠军只靠钱、马,但多项多名上阵,捞走二、三、四名成绩不少。如100米亚军贾振铎,决赛时超过了育英名将梁淞基,出人意料。高栏等亚军也归了志成,总因育英二线队员不济事所致。可见,志成从本校并针对育英的实际情况出发，知己知彼，争总分而不计较金牌数，战略对头。

长距离跑本不是育英的强项，这时场上指导急昏了头，竟然现趸现卖，抄袭志成跑千五的故技，在5000米长跑时，集中四名原来跑1500米和800米的二线队员上场，战术是，前三圈猛跑，拉垮钱宗国（意图是干脆谁也别得冠军，宁可把这份光荣拱手让与他校）。不料哥儿几个是千五的底子，三圈下来早没了后劲。钱宗国实力超群，立即显出。育英的牟振先（现任西安军医大学教授）一看战术失灵，同袍落马，把心一横，咬牙玩儿命跑。钱到终点成绩为17分31秒。牟虽被甩下半圈，毕竟名列第二，大大超出他本人原有水平。会后全校认为他是最出色的英雄，虽败犹荣。

十一、4×200米接力又掀起巨浪

育英事事不顺，男初组4×100米接力，本来育英稳拿头名，可是，正当要起马时，检察长入场，斜站在育英头棒选手面前，晓喻以双手要放在白线以外。这时，发令员突然鸣枪，选手无法起跑，只能弃权。马上口头抗议，裁判说研究研究，终无下文。育英群情激愤，如一座火药库，一点火就要炸。

19日下午终场前，两校比分大体相近，胜负难分。下午三时，压轴好戏男中组5000米长跑开赛。因发生了上述情况，李鹤朝气愤得看不下去，打道回校，他把现场指挥大权交与训育主任年景丰先生（新中国成立后首任育英中学校长）。这个安排欠妥。年先生为育英首席英语教师，教大学都绰绰有余。他赋性舒缓，外号"黏糕"，训育主任只是挂名，实权归教导主任黄子彦先生（外号"黄狗"，据说年轻时因踢足球守门得名，教解析几何）掌握。年头儿（昵称）只有讲莎氏乐府本事，并无驭众之才。

李校长去后，男中组4×200米接力开赛。这是大会预计最精彩的一项，所以排作大轴。估计赛后即下午四时，大会闭幕。此项冠军从来由育英包揽，这次为保总分第一，更是志在必得。育英派出的三员虎将中夹一个初生牛犊，论实力稳拿，不料并肩过弯道后接棒前，志成选手疯跑几步，拐入里线我队跑道，我队那位"牛犊"竟停步避撞，对方趁此蹿出近10米，我队无回天之力矣。

赛罢，志成看台欢声雷动，育英的"火药库"瞬间爆炸。"年头儿"极力压服，说先写书面抗议。霎时笔下生风，印匣急启，传递快手以百米速度直冲主席台。公文送达大会，时为4时10分。讵知，裁判委员长袁敦礼有外事活动早退，总裁判长马约翰素来办事如秒表般准确，早于"秩序单"规定闭幕之4时整，偕同其女公子即牟作云夫人，赶乘校车回清华去了。大会诿称，二人不在，无法召开紧急会议，只能先发奖并举行闭幕式。这时，玻璃匣里装的银盾、奖杯以及锦旗等纷纷上台亮相。

十二、三"失"三"通"王季高

育英在场学生数百人一见奖品放列，运动员集中，知道是闭幕式的信号，可见抗议失败。这时啦啦队长往高处一站，挥泪陈辞："同学们！黑暗的大会，还有什么公理可言！"大家义愤填膺，"黏糕"先生镇压不住，顿时炸了庙。大伙奔下看台，把主席台团团围住，要求先解决抗议问题，否则不能发奖。教育局长王季高是在场的最高领导，正待发表闭幕演说，一看大势不好，赶紧广播："非运动员请退出场外！"学生齐喊："失——通！"广播立即变软："育英代表请到台上来！"又是："失——通！"再变一种软绵绵女声："王局长请育英代表！"再"失——通！"不少人顺路由田赛场上取来了沙子，一把把地往台上拽，打得奖品玻璃匣子沙沙直响，王季高忙指挥抢运奖品下后台。左右亲信连搀带架，也把王季高抢运到贵宾休息室避难。王惊魂甫定，尖嘴儿一撅，说："唉，小事情，太认真了！"立即传谕：偷偷地把育英负责人找来。

大家一见王季高遁走，奖品随之不见，愈发豪气腾空，依旧沙石飞舞。《华北日报》记者弓清源（新中国成立后曾在北大教体育）人高马大，正鹤立鸡群，混在人群中采访，他后脖梗子误中小石弹多枚，紧贴脊梁骨灌进一筒沙子，着实吃了大亏。他口吃，期期艾艾，还追问谁打黑枪，又被众学生讪笑一番。弓清源气哼哼撤离，另想高招去了。

这时，"黏糕"先生在台上出现，多方解释，说大会已决定只举行闭幕式，发奖待问题解决后在教育局内举行。育英学生迅即决议：不参加闭幕式以示临别抗议，整队出场显我雄威。并公开告诫大会主持人：对抗议的事，要不作合理解决，下次运动会绝不参加。

下午5点1刻，育英学生高举校旗，齐唱校歌（首句"美哉壮哉我育英"），由军乐队配乐先导，成排正步出场。大会闭幕式于5点20分开始，约二十分钟后结束，只王季高讲演一通，听众寥寥。

十三、和《华北日报》的一场公案

历届运动后，各校放假一天。10月20日，星期一，笔者买到日报多种，在家研究大会结果，见唯有《华北日报》登出的秋运会专刊一整版最多，其中对我校讽刺挖苦，与别的报纸之持中立态度者不同。试举数例：

"男子接力比赛志成压倒育英"（小标题）。

......44号（指牟振先）拼命在后追踪386号（指钱宗国），但已望尘莫及了。（记5000米长跑）

公文办得快......原来是随时准备打官司的能手。

这是素有训练的育英学生的表现。（皮里阳秋，贬我校包围主席台与退场。）

同时，各报均公布大会正式成绩。男中组志成66分（第一），育英61分（第二），汇文16分（第三），三中9分（第四）。个人成绩：钱宗国13分（第一），马志伟13分（第二），徐邻善10分（第三），吕学孟8分（第四）。

男初组志成25分（第一），四存10分（第二），辅仁9分（第三），华北7分（第四）。个人成绩：志成王永安（后代表北平参加了全运会）15分（第一），育英张炳林跳高得冠军（1.51米），获5分，与其他二人并列第四。别的选手均未上名。如果两项接力赛均能遂我愿，情况定然改观也。

《华北日报》还特别报道了志成赛后盛况：〞男女生分乘三辆大卡车，一路缓缓行驶，游街示威。校旗交叉车头，鼓乐伴奏，女生歌声响彻云霄。〞同时指出：〞育英未参加闭幕式，整队出场后即解散。〞笔者对报沉思，想我校那批美式少爷兵岂能善罢甘休。果不其然，传呼者高叫排门而入,急如星火,用一递一下传的"驿马传烽法"(记忆中育英只用过这一次),叫大家到一院集合议事。

到一院已近中午,集会者数百人。除田径健儿、足篮球英俊小伙儿几乎全体到场外,其他诸如美式皮拳铜锤张立德(新中国成立后曾为拳击教练)、国术猴拳大圣冯学理(曾在美国邮政局工作)等中西武林高手也都云集场内,大家摩拳擦掌,气氛异常高涨。某田径健将(梁?吕?)手持《华北日报》,跳上操场土台,大声疾呼全校一齐出动,去王府井大街117号(新中国成立后为《人民日报》社址)砸《华北日报》社。台上一呼,台下百应。当即决定秘密编队,分头出发。砸玻璃、毁木器、烧报纸都由专人各司其职,全部行动军事化。为防走漏消息,一院后门紧闭,前门放哨戒严。

正在这时,李鹤朝从校长室内踱步而出,出主意说:"要先文后武,先礼后兵。现在写一封抗议信,派人送去,勒令报社原文照登。三日内不登,彼曲我直,再砸不晚。"原来李如松是国民党,他哪能去砸本党党报?但他也不敢在火头儿上得罪学生,故用此抽薪止沸之计。学生们当时一听,颇觉有理,于是,前面同学一连声高呼:"作文好的到前面来!""公文班的到前边来!"笔者想,哪能上前边自认"作文好",抽身往后面宿舍便走。霎时间,蓝布大褂后领子早被揪住,左右两名壮汉一挎胳膊,但听耳边低声怒吼："姓白的，别怂！""哪里逃走（京剧腔）！""昨儿个你就水了，眼下又装土行孙！看大伙废了你！"我挣揣出两句："哥儿们放了我，我自会朝前！"

写抗议书在一院传达室内进行。一时猛将如云，谋臣如雨，将斗室挤得风雨不透。笔者刚读过叶圣陶先生的名作《一篇宣言》，印象深刻，知道主稿人的危害，只敢充当留侯的角色。不过为表示积极，"馊"主意出了不少。三个臭学生合成倚马之才，檄文一挥而就，呈李鹤朝审阅。李校长早遣工友请来王老师和其他几位国文老师，共同批改，字斟句酌，最后以学校名义盖印发出，由师生代表送往并晓以利害。两天后，10月22日的《华北日报》加按语全文照登：

敬启者：兹阅贵报二十日秋运会专刊，登载本校学生聚众威胁大会一则，不胜诧异。查本届秋运发令检查有欠公允，故本校学生提出抗议，复由本校负责人至大会与该会负责人交涉，经允予合理解决后，即整队返校。既未聚众，又无威胁。贵报所载，当系失实。且闭会之时观众选手不下数千人，秩序紊乱，在所难免。"通、通"之声，岂必本校学生所为？贵报谓为"这是素有训练的育英学生的表现"，专责本校学生，尤觉失当。凤仰贵报言论公正，记事真实，此次刊载殊为圭玷。即希惠予更正，以正听闻。是为至荷。

十四、育英自办运动会

1948年5月5日至15日,旧中国第七届全运会在沪举行。而北平市偏选在5月14日至16日开三十七年度春运会,结果很不景气。主要原因是与全运会同步,名手几乎全不在(除代表本市外,分投陆军、空军、河北、华北等各种队)。育英中学抵制此会,是另一重要原因。

为抵制此会,育英于5月7、8两日提前在三院召开本校春运会。小学部也参加。以普及为目的,按身高、体重分成十五组进行田径赛。参赛者一千八百余人,占中小学部学生总数的十分之七,李鹤朝的"五分之四"宏愿基本实现。赛前有全校学生分列式,小学、初中两部团体操表演,各年级拔河竞赛。赛后,各组各项前四名于5月16日由学校租车送香山游览一天。选这一天,因其与市运会最后一天同日,目的也是暗中控制我校好手,让他们不能以个人资格参加许多项目的决赛。

育英这次春运会,公开欢迎各界与家长参观。记者来了不少,李鹤朝在三院设专用房间,烟、茶、点心齐上,专人热情招待。各报都发了新闻,说不比市运会规模小。全校都觉得出了一口气。为我校不参加市运会事,《华北日报》特登了一篇记者专访。李鹤朝对记者声称，一因刚举行完校运会，运动员疲劳；二因费用大，所以不参加。唯仍派童子军到场为市运会服务，不阻止个别学生以个人资格参加。

这次市运会上，育英学生多人参加新组建的华声广播电台队，在男高组竞逐，成绩甚好。如，李凤林（原北京工业学院体育教研室主任，笔者挚友）获400米中栏冠军（61.8秒）和400米、800米第三名，积9分，居男高总分第三。

华声广播电台系抗战胜利后、新中国成立前北京一家私人办的台，所播节目以文娱性质节目和商业广告为主。主办人是笔者同年级同学张钊的家长。张钊课余常做播音员，笔者曾参观过他的播出。他新中国成立后毕业于中国人民大学研究生班，与名演员赵燕侠结婚，前几年因心脏病突发去世。

〔原载于《文史资料选编》（北京市政协文史资料委员会编）第四十四辑〕

旧北京的自行车

竹枝词里的旧北京自行车

写于宣统元年（1909年）的《京华百二竹枝词》中的一首云：

臀高肩耸目无斜，大似鞠躬敬有加。
噶叭一声人急避，后边来了自行车。

作者自注云："骑自行车者，见其有一种专门身法，拱其臀，耸其肩，鞠其躬，两目直前，不暇作左右顾，一声噶叭，辟易行人。人每遇之，急避两旁而骑车者遂得意洋洋飞行如鸟而去。"

这是北京最早的有关自行车的文学贡献和历史记载之一。在此补充说明以下不相关两点：

要说明的一点是，"噶叭"是当时一种手按式喇叭的鸣声。此种喇叭按起来费劲，在二十年代就少见了。又，诗中描写的专门身法，系当时青年小混混儿"蹓车"的姿势。有身份的人没有这么骑的。

要补充的另一点是，路工先生所辑《清代北京竹枝词》（北京古籍出版社1982年版），内收《京华百二竹枝词》。"前言"中有云："作者自号'兰陵忧患生'。共百二十首，据宣统年间铅印本选印。"没有考出作者是谁。按"兰陵忧患生"是笔名，作者实为中央文史馆馆员、名书法家萧劳老先生之父，笔者亡友萧豹岑兄之祖父也。

此外，老一代名小说家包天笑未完成的历史小说《留芳记》中，有"自由车冒雨走城南，革命炮震天轰鄂北"一回。这一回，后半自然讲的是辛亥武昌起义；而前半却是讲徐树铮夜间冒雨骑自行车，由南苑军营到前门外韩家潭，探看他的心上人某名妓。这是写北京骑车的著名小说片段之一。后来写旧北京的作家，多忽略写自行车与北京人的关系，实则其中大有文章可作也。

英国车

二三十年代,即一次大战后至二次大战前,北京的高档自行车,主要是英、德两国所造,尤以英国车占优势。英国车全是手闸,右手后闸,钢丝带,高车架者居多(按欧洲人身材设计)。

英国蓝牌,平把;"K"字轮盘;手闸的闸棍是圆形的,闸皮似一块破方橡皮,这一特点,使人远望便知。这种车型二战后不见进口。还有一种"象鼻子"牌子的车,闸棍、闸皮与蓝牌相同,但在北京极少见。

飞利浦车是大路货,特点是轮盘上有英文飞利浦字样。有专为亚洲人制造的车架较矮的车型,售价较低,故颇受一般市民欢迎。二次大战后,上海造的仿制冒牌货不少。早期为平把,后期变翘把,仿制品均为翘把。

韩牌、三枪均为英国名牌,售价较昂,车架均高,平把。个别的有翘把。

凤头是一种装备齐全的阔气车。翘把,全链套,前后涩带闸(涨闸),加快轴,一应俱全。一般漆成深绿色。别种英国车一般都漆成黑色,装备也不全。骑凤头,讲究人车般配,也就是要有点老爷或少爷派头,不可匪气。因其价昂,骑者多小心翼翼，怕磕怕碰。沦陷时期，有位邱先生，骑一辆这种凤头车（还带磨电灯），爱护备至，遇泥淖则扛车而过。当时北京柏油路甚少，小胡同多是下雨后半月一街泥。邱先生骑车，只能在东城区交道口以南、前门珠市口以北转悠，以王府井、灯市口、南池子一带为中心，下雨还不敢出门。雅号"邱凤头"，贬称"车奴"。

还有一种英国车，名"双金人儿"，平把，高车架。北京进口有限的几辆全车镀亮的此种牌子的车，特称"白金人儿"。骑这种车的人，要有美国电影中所见的西方中青年绅士的派头，骑上它才是"人压车"；不然，可就"车压人"，有点匪气了。还得个儿高而不臃肿，才更能压得住它。笔者1943年在育英中学读初中一年级时，英语老师龚明善先生就骑这么一辆车。龚老师个儿正与高车架相配，腰板儿挺直，有体育家体魄与洋学者派头。春秋他穿西装，常是上下匹配的粗呢两件套，衬衫领子翻到外衣领子之外而不打领带，这也是当时"电影皇帝"金焰的穿戴法，据说是从当时的美国总统罗斯福日常着装学来的。我见龚老师骑车缓缓地从灯市口大街一路驶来，自有一种从容不迫的气度，赞叹道："这才是真正的'人骑车'哪！"

龚老师教英文教得真好，特别是教启蒙，亲切，有耐心，有教学方法。他教了一辈子书。约六十年代初，我又在灯市口大街遇见他。他头上已是看得清的几茎白发。身子骨还是那样硬朗,"白金人儿"可有点长锈了。他骑在车上,还是那样稳重,潇洒,悠闲。我顿时联想到在外国画集中看过的一幅《古堡夕阳》。

其他欧美各国车

德国车有两种代表性牌子:德国蓝牌和G字(俗称勾字儿)。都是倒轮闸。瓦圈加漆而不电镀。前闸为手捏压带闸,制动性极强,骑快车时一捏,后轮常跳起,翻车。德国车有个别的用大轮盘,其大如小脸盆,混混儿"老少爷儿们"爱骑,正经人不敢骑。

变速赛车进口的多是法国"飞燕"牌,因北京当时柏油马路少,赛车瓦圈细,在土石路上骑容易变"耷",所以骑者不多。

大把车多为美国进口,有一种木质宽瓦图的,十分名贵,极为少见。它的实用性很差。

二十年代,李莲英的一个孙子爱骑自行车,在地安门大街路东今新华书店处开了一家车行。这位老板身高不到一米六,因此从荷兰进口一批特制的二六车,牌号"锤手",也是名牌。有一种倒装燕式车把短手闸二六赛车,型式新颖奇特,据说只进口两辆,在京视为珍品。缺点是,这批二六车全用钢丝带,二次大战时无从进口,多因无带停骑。顺便提一句，欧洲车，除德国以外，都用钢丝带，所以载重能力差，但单人骑行轻快。

日本车

三十年代，日本车大量涌入北京。日本车大部分用压边带，因而载重能力强。均用左手后闸，有的用倒轮闸。二六车居多，二八车也有。缺点是比较重。英国二八车的标准重量是18公斤左右，日本车比它得重好几公斤，加上宽大的后货架子，怕要重上10公斤。但骑起来也很快，再者倾销贱卖，比欧洲的贵族型车如凤头差两三倍价钱，所以商店伙计和小职员、学生等多用之。日本车的代表名牌有菊花、僧帽、铁锚、富士等。"菊花"二八男车是日本车中造型最美的，翘把，横梁略前倾。轮盘图案为三个花束，挺漂亮。骑起来轻快，为日本车中上品。六十年代中，一批永久锰钢车与之相仿。可是，矮、宽才是当时日本车的主要基调，富士车为代表作，典型样式是二六宽压边带（1又1/2吋带）瓦圈，宽于人肩的把手外翘大平把（与英国车略等于人肩的不外翘小平把差异明显），左手后闸，车身甚矮，适于那时的短腿粗臂圆躯日本人骑用。它是"大日本皇军"自行车部队的制式车。日本小饭铺的伙计外出送饭，常骑的也是这种车。他们常一手端木托盘，上置几碗食物（荞麦面条？），一手扶车把，曲折骑行于闹市小巷中。车矮，两脚一着地便停。这也是日本人的一手绝技吧。沦陷时期，很多中国饭馆伙计（特别是为日本饭馆干活的）也学会了这一手，不比日本人差。可是一般中国成年人总嫌日本二六车矮，样式蠢，不够"派"，骑者不多，只有一些初中男生才是它的骑主儿。

中国车

二三十年代北京的车行常常"攒车"，即用进口的英、日零件加上若干国产货，拼成整车，多为冒充英国货，牌子五花八门，但还老实，不敢冒充名牌，常取鹰球之类无案可查的假牌号。质量高低相差颇大，售价不一，总的说比英、德车便宜不少。不讲究牌子的普通市民多买这种车骑。也有自买零件请车行人攒的。应该说，旧北京的自行车中，以这种攒车为大宗。

沦陷时期，盛行一种用德国或日本车轴、中国自造车身装配起来的"大把车"。这是由美国学来的样式。它的车把大而长，中间常用小横架加固。只有倒轮闸，没有前手闸。这种车多为双横梁，搬起来相当沉；骑起来大把兜风。从人车相配的角度看，这种车骑新不骑旧，只有骑新车才威风。骑的主儿还得衣冠楚楚、风度翩翩，才压得住车。它的适应范围太窄，实用性差。解放后此种车逐渐敛迹，良有以也。沦陷时期到解放初，农村盛行一种用自来水管焊成车架，不加油漆的"自造攒车"，多不加前后挡泥板，载重量大，不怕磕碰。它是一种典型的华北平原农村用车。

二次大战中，英国为防空需要，新造的车，连车把、瓦图等原电镀部位全部漆成深绿色或土褐色，别具风格。二次大战后，一些这样的车进入北京，不爱擦车又要显"份"的时髦少年争相购买。因其出现时代晚，故在此补叙一段。

二次大战后，国民党接收天津日本人所设的自行车装配厂，开始生产一种燕式把的二八自行车，称为"中字"牌，

美国倒轮闸大把双梁自行车。骑车者为少年时的北京燕山出版社原总编辑赵珩和他的母亲。

这是华北地区第一种国家级厂牌的自行车。解放后,"中字"牌改"飞鸽"牌,燕把改成常规翘把,质量也大大提高。上海一带,则运来大批冒牌英国飞利浦车,解放初期改出"永久"牌。解放后,特别是五十年代,全国自行车型趋向制式,牌号也就是那几种,工农兵学商所骑差别不大,人的服装也差不多,人与车的般配关系很不明显。这就使现在的电影、电视片道具工作人员有些麻痹大意,在演出解放前的老北京情况时,当需要自行车时,就推几辆现代的国产车出来充数,殊不知车型差之毫厘,谬以千里。笔者建议:成立一个"北京历史上的自行车"小型博物馆,搜寻并翻新一批各种牌号的典型车。其中一部分车可供出租做道具用,这样才不辜负北京当年"自行车城"之称号也。

人海栖迟

《富连成三十年史》新印小记

《富连成三十年史》原书纂成于20世纪30年代初。我所了解的有关此书出版前后的一些情况,都写在新印本的附录《京剧富连成科班的东家——外馆沈家》一文中。

《富连成三十年史》一书,是沈秀水先生独资出版的,基本上作为宣传品赠阅,在社会上流通极少,至今已稀如星凤。富连成科班对京剧之贡献及其在京剧史上的地位,有口皆碑,不烦辞费。其早期直接史料仅此一书,现在看来已极为珍贵。

富连成科班,正式称呼是"富连成社",1904年正式成立。原名起初为"喜连升",很快就改成"喜连成"。原来的东家是吉林商人牛子厚(时称"班主"),社长是叶春善。1912年辛亥革命之际,牛子厚经营商业失败,科班营业也很不景气。这些情况，大约都与1909—1912年间慈禧、光绪的"国丧"以及连年闹革命等造成的市面萧条有关。这时，科班面临解散。叶春善极有事业心，想尽办法，最后联系上外馆沈家，请沈岜（字仁山，我的外老祖）接办。科班改名"富连成社"。后来名声大了，常简称"富社"。

沈家接办科班后，投入大量资本。叶春善也兢兢业业操办。如果把1904年（富社习惯上把1903年虽未挂牌但已招收"六大弟子"也算上）至1912年春季算作"创业艰难时期"，那么，从1912年夏季到1934年"万荣祥银号"倒闭之前，可以说是富连成社的"壮大繁荣时期"。社址迁移，房屋增多几倍。戏箱等演出需要的物资也陆续增加。师资力量、学生人数也呈不断上升之势。这一点，只要看一看《富连成三十年史》的前五科师生名录，就会明白的。在此还必须再次强调：在这一段时期内，富连成社确实连年唱戏赚钱而不赔钱，但是，沈家绝对没有往家中拿富连成社唱戏赚的钱，而是不断地往富连成社添钱。唱戏赚的钱也作为再生产投入。当然，富连成社的钱是全部存在万荣祥银号之中的，但是另立账号，东家及其家属是绝不能支取的。每年赚的钱，大约只有几千元，最多不超过一万元。这笔钱在当时的"沈百万"眼中算不了什么。沈家"拴"这个班子，目的主要在为自己作商业声誉宣传，一拿戏班子的钱，传出去可不得了，一传十，十传百，说是沈家穷啦，银号非挤兑不可。这窝边草吃不得的。再则，沈家自家虽只是商人，社会地位并不高，却还看不起艺人，认为哪能花"戏子"的钱！所以，在二十多年中，沈家填进富连成社的钱不计其数。富连成社在这一段时期的发展，与社长、教师（特别应该提到的是萧长华老先生）苦心孤诣的经营分不开。可是，沈家对社里业务完全放手，在经济上大力支持，我认为也应该连带写上一笔。

1934年万荣祥银号倒闭，沈家的财产被封。殃及池鱼，富连成社的全部动产、不动产也全都被法院封存。富连成社在银号里的存款也全完了。师生星散。1935年，老社长叶春善逝世。这两三年，可以说是富连成社的"卧床重病时期"，或者说是"黑暗时期"。从富连成社来说，自此一蹶不振。从沈家来说，败落始自1919年俄国革命后，外蒙古逐渐独立，商路不通。旧卢布兑换又延误时机。青年一代不仅人丁稀少，还全是少爷小姐，会花不会挣。老班主环顾四周，只有富连成社还在按部就班地经营，赚而不赔。大约是为了激励家人，避免在家中看着不肖子弟生气，同时鼓舞富连成社的士气，在他病重时竟然独身住进社里，并在社里逝世。这在当时堪称一件奇闻，是家庭革命行动。此后的两任班主，即我的外祖母沈李幼培和我的"七老祖"沈秀水，对富连成社就极不关心了。从班主的变换及其变化，也可看出一些富连成社盛极而衰的痕迹来吧。

叶家为了富连成社师生，特别是为学生的前途着想，自己找钱赎回戏箱等，继续教戏演戏。名义上还尊沈秀水为班主，实际上，班主既然拿不出经费，无所作为，从脸面上也不能腼颜而居主位。这时已经是卢沟桥事变抗战开始之时，沈秀水也就借此将富连成社"送"给叶家经营了。叶家苦撑到解放前的1947—1948年之际，再也维持不下去，宣布解散。这一段时期，可以称为"苦撑时期"。应该说，由于叶家的苦苦撑持，使富连成社如一个重病号，起死回生，带病延年，又拖了十几年，还是在兵荒马乱的时代，确实是非常不容易。但是，风光不再，极盛时期是一去不复返了！

满打满算，1903—1948年，富连成社存在约46年（掐头去尾则为44年），是京剧历史上办学时间最长的科班。我是京剧外行，从远距离观察，从历史角度看，觉得可以提出以下几点，姑且说是这个科班的办学特点吧，供读者研究：

一点是，社长以下，可说是长期地、全身心地投入此项事业。叶社长以毕生精力经营之，心无旁骛。萧长华等位教师几乎是以此为第一职业，社长与教师之间团结协作数十年。据我看，在富连成社以后开办的几个科班或说戏校在这方面都赶不上富连成社。

再一点是，始终坚持边教学边演出。应该说明，班主从来没有要求过科班必须赚钱。沈家经营时期，有时遭遇战乱。有几年还是在赔钱白养活一社人，可是班主并没有提出过任何非演出赚钱不可的无理要求。坚持演出，完全是社长和教师等人感到必须这样做，才能达到教学要求，才合乎办科班的道德或说道理。但是，因为班主在财政方面并无要求或指标，反而不断"扩大再生产"，反倒刺激了社长和教师们、学生们的教学、学习和演出的积极性。可见，"人和"是办好事业的极重要条件。

又一点是，在教学和演出方面，富连成社逐渐形成了自己的独特风格，或者说戏路子。首先是剧目多，四十多年中演出大小剧目近四百出。这一点远非前后的同类科班、戏校可比。何以能做到？恐怕一是多年积累；二靠有萧长华老先生那样的"戏篓子"，能说整本三国大戏，这可都非一日之功；三因学生多，生旦净末丑能者齐备，红花绿叶俱全。这与社里的恒定教学方针有密切关联，即因材施教，既培养挂头牌的老生、旦角，更培养大批配戏的演员。叶春善办社之始，曾说出豪言壮语："20年后，甭管哪个班子，没我的学生就开不了戏！"这话果真兑现。又说："每一科都要出几个挑大梁的！"这话也基本实现。他的儿子盛章、盛兰，后来还首创以武丑、小生为首组班挂头牌。其次，由于对所有的学生一律强调练好武打基本功，导致富连成社的武戏多且好。再次，由于萧长华老先生会说全本三国大戏，并无保留地倾囊相授，因而富连成社是当时几个科班中唯一能动全本三国大戏的。爰及解放后庆祝建国十周年时，上演全本《群英会》，余波尚传。

《富连成三十年史》是在沈家由于银号掌柜的卷逃而迅速崩溃的前夕出版的。正值"夕阳无限好""霜叶红于二月花"之际，使人们能看到它灿烂辉煌的巅峰状态，从而能较好地挖掘它成功的经验。后来它败落了，外力的因素较多，有许多不是它自己能够左右的。它在"垂死挣扎"之时，还是极力折腾了一阵，不甘心退出历史舞台的。如果缓一两年，解放后政府接管，定有一番新气象也！

作为沈家后两位班主的嫡系后裔，我久有重版此书的意愿和责任感。1992年，我曾与花山文艺出版社社长、我的老友娄熙元先生接洽，他接手此事，翻拍了书中的照片，并请该社当时的总编辑重新整理校点了文字部分。可惜后来娄先生退休了，这件事延搁下来。现在，同心出版社欣然同意出版此书，我是非常感激的。新版中，图片和文字部分用的都是花山文艺出版社的半成品，但经过同心出版社编辑同志的进一步加工。图片的安排更令他们煞费苦心。这篇"小记"和末尾的"附录"则是我新加上去的，仅供参考而已。至于此书的原作者唐伯弢先生，予生也晚，对他毫无所知，只知道他是沈七爷请来执笔的人而已。如承读者见告唐先生生平，无任感激之至。

〔《富连成三十年史》（修订版），唐伯弢编著，白化文修订，同心出版社2000年版〕

京剧富连成科班的东家——外馆沈家

一、从"喜连成"到"富连成"

京剧富连成科班是中国近现代最大最著名存在最久的科班。原名喜连成科班（社），1904年（清光绪三十年甲辰）春季在北京琉璃厂西南园建立。出钱建科班的是吉林商人牛秉坤，字子厚。科班如商号一般，算是他的财产。"官称儿"叫"班主"，口头称呼是"东家"。东家在经济上负责全班师生一切开支，演出赚钱可以往家里拿，但一般不宜这样做。业务方面由"社长"大拿。

老社长叶春善，字鉴贞。祖籍安徽太湖，自其祖父起迁居北京。其父叶坤荣，老嵩祝科班出身，唱大花脸。叶春善先生出身小荣椿科班,唱老生。科班正式成立前,已在家中招收了六名小孩当徒弟,在此基础上成立科班。这六位是陆喜明、陆喜才、赵喜魁、赵喜贞、雷喜福、武喜永,后称"六大弟子"。1905年,学生日众,于是陆续增聘教师萧长华、苏雨卿、宋起山、唐宗成等位入社。上述诸老均与科班共始终,各立殊勋。其中尤以萧长华先生贡献最大,所谓"叶断萧谋"是也。

  学生约在十岁上下入科,坐科学艺七年。每三至四年中陆续招收一科。头科均按"喜"字命名排行。1906年,社址迁居宣武门外前铁厂,不久即招收第二科,按"连"字命名排行。前两科学习成绩甚佳,正筹备招收第三科时,辛亥革命爆发,北京市面动荡,唱戏不赚钱;牛子厚在东北经营的商业也破产了。科班面临解散的威胁。经叶社长从中斡旋,牛家将科班转让给北京外馆沈家经营。当时沈家的家主是沈仁山。1912年,沈家将科班名称改为"富连成"。

二、外馆沈家

  清末同治光绪年间,北京安定门外外馆有一户当地首富,时称外馆沈家。沈家是专走口外,和蒙古(包括今蒙古国和我国内蒙古自治区)做买卖的大商人,同时通过蒙古和俄国做交易。主销百货日用品等,常以货易货,如以绸缎交换俄国呢绒等。许多蒙古大行商到了北京，常住外馆，由沈家招待。当时内外蒙古卫生状态很差，儿童死亡率高。沈家就大量购买一种丸药"小儿七珍丹"，到口外半卖半送，疗效颇佳，以此很得蒙古族人的好感，买卖也越做越大，逐渐成为京中提得起来的富户了。"小儿七珍丹"是老北京一户"沈家"独家发卖的成药，但这一户沈家与外馆沈家并无血缘关系。只是外馆沈家成批向"小儿七珍丹沈家"购买那种药罢了。当然，因此之故，两家很熟。但只是都姓沈而已，不是本家。

在此补说一下："外馆"地名现存。它原来是相对"里馆"而言，却是早被遗忘了。按据《天咫偶闻》卷二："玉（御）河西岸尽南名'达（靼）子馆'，蒙古年例入都所居，携土货于此贸迁焉。贾肆栉比，凡皮物裘褐之属，毳物毡绒之属，野物狍鹿之属，山物雉兔之属，蔬物茹茵之属，酪物乳饼之属，列于广场之中而博易焉。冬来春去，古之'雁臣'也。此为'里馆'。安定门外为'外馆'，更巨于此。"

沈家住家在外馆，又在外馆备有大量类似现代的招待所性质的馆舍，专供内外蒙古商人来京居住。同时代他们介绍买卖大宗货物。里馆则有点像当代秀水市场的性质，不过是以蒙古商人展示与零售加批发自己带来的货物为主罢了。沈家带有半官商性质，很有点像《红楼梦》中的薛家。不过薛家是走南方办货，沈家是走北路。近水楼台，沈家兼做俄罗斯和西藏等处的生意。因此，沈家能间接为宫廷购物办事，并提供一些民间见闻与情报，因而，能交接如王爷、大太监等人物；和李连英的往来就十分频繁，关系密切。当然，免不了得经常给权贵和蒙古一路的官吏与豪侠"进贡"。

沈家人丁甚艰。总的来说，只有三支。

一支是长门，即沈仁山的长子一门。这就是我的大姥爷，早卒，留下两个儿子。大少爷沈鹏，字云程；二少爷沈鸿，字仲仪。这就是我的大舅和二舅。

次门是我的姥姥家。只有一女，取名沈凤，就是先慈。先慈因自幼多病，挂名在寺院中，法名慧智。先慈自幼喜爱绘画，就从法名生发，取清代大画家王时敏的名字"时敏"为字。成年后以字行。她虽是独生女，但因我二舅过继到二房来（还叫"二少爷"），故而先慈被称为"二小姐"。

再一门是沈仁山的庶出小弟弟沈秀水。他是我外祖父的叔叔，但岁数和我的外祖父差不多，幼时常一起玩耍。他大排行行七，我称他为"七老祖"，人称"沈七爷"。

我的外祖父也早卒。我的外祖母是清末大宦官李连英的长孙女，名李尚实，字幼培，以字行。据我所知，李连英行三，有两兄两弟。他从四个兄弟那里各收一子为继子，还收了一个女儿。所以他有四子一女。长门长子生二男一女，女孩居中，就是我的姥姥，她有一兄早逝，一弟住长门的住房海淀老虎洞（整个胡同今已无存，新中国成立后编的新门牌是27号）。兄弟二人各生一子，这就是我的大表舅和二表舅。二表舅还有一个妹妹，我称之为大姨儿。先慈和这三位走得很近。李家的大本营在西城区棉花胡同，据说由不出嫁的老姑姑执掌家业。这位老小姐是我外祖母的姑姑，娘儿俩很不对付，因而我从来也没有去过棉花胡同，不清楚那里的事。还有两房，抗战前后家业败落，一房迁居西城区刘兰塑胡同，一房迁居地安门白米斜街，各有一子，与我外祖母时有往来。我均称之为"舅老爷"。

我的外祖母诞生于1897年4月10日（清光绪二十三年丁酉三月初九）。她是李连英的长孙女，李连英宣统元年（1909）出宫后，她随侍在侧约两年，很受钟爱。经李连英亲自选定，她于民国元年（1912）嫁给沈家二少爷。结婚时李连英已死。当时我外祖父才十二岁，女方比男方大四岁多。先慈诞生于1914年6月4日（民国三年甲寅五月十一日），四岁失怙。我阅读过多种有关李连英的小说，其中也有讲述他的长孙女的，全是向壁虚构。连名字都不对。

苏联十月革命前后，商路逐渐不通。沈家就不做蒙古生意了。这时靠数十年中置下的大批铺面房出租，外加郊区田地收租，还有在前门外开设"万荣祥银号"，维持富户生活。

沈家存有大量沙俄卢布（呼为"羌帖"，据北大图书馆俄语编目组姜发敏女士说，乃是俄语Деньги的不太准确的音译，意译本义是"钱"），多为100卢布大票，大小可作32开书籍的包皮纸。十月革命后全废。苏联政府与中国北洋政府建交后，曾在中国承担回收此种旧卢布义务。但沈家一则受反动宣传蒙蔽，妄想苏联在北洋政府交涉下能提高兑换比值；二则怕一次大量兑换"露白"（即外人知道有钱），因而一再错过兑换期限，最后成为成箱废纸。这时，创立家业的两代老人于清末民初相继逝世，后代就争产业闹分家。大房我大舅沈鹏一支，七爷一支，我外祖母一支。欺负我外祖母无子，硬把我二舅过继给她为子。不久，我二舅结婚后就闹分家，把二房家产分走一半。分家后，约在20年代中，各房都迁居城内，外馆老房卖了。外馆沈家名存实亡。

万荣祥银号的两个经理是沈家最信任的老伙计。分家后，沈家各房的浮钱都存在这个银号里。不料，约在1934年年底，这两人因亏空无法弥补，就"卷包会"逃跑了。法院宣告：银号倒闭，查封东家财产。连富连成科班的不动产在内，如校产房屋地皮、戏箱等，全部查封。经过破产赔偿，从1935年闹到抗战前才马虎结案。卢布损失和银号倒闭，使沈家各房都大伤元气。逐渐陷入贫困。

万荣祥银号倒闭，累及查封东家全部财产，与沈仁山的旧派经营头脑有关。民国初年，外国银行与大商店不断涌入北京，有人劝沈仁山合资，起码是办理"股份有限公司"银号、商号财产登记，以避风险。沈仁山却说："什么'株式会社'（日文对"股份有限公司"的写法），咱们永远独资经营！赔不了！我说了算！"对富连成社，沈家也是独资。这就导致，沈仁山身后，留下一帮少爷、小姐、太太们，事业后继无人，伙计们离心离德。万荣祥银号一倒闭，家产全部被封，祸延富连成矣！

三、沈家与京剧富连成科班

　　梅兰芳大师所写的《舞台生活四十年》一书中，讲到京剧富连成科班时，曾经说过这样的话："沈家败落之后，仗着富连成唱戏贴补家中生活，拿大车往家里拉的银子就海了去了。"（手头无书，记忆中大意如是。）据我所知，绝非如此。可能是听信传闻致误。

　　东家和戏班的关系，有如现在大公司大老板养着球队。一则表示大爷有钱，才拴得住班子；二则清末民初盛行"堂会"，戏班子唱堂会，既能赚钱，又给东家做了义务广告。如果大批往家里赚钱，天长日久，没有不透风的篱笆，为人所知，很影响东家在商界的声誉。非万不得已，绝不吃这种窝边草的。相反，倒是得不断地往科班扔钱，以示大爷阔绰。对沈家这种独资经营各种事业的商人来说，更必须如此。否则，牵一发而动全身，不能贪小利而忘却大局的。科班演戏赚钱，一般用于再生产投资，东家往回拿就算栽了。

所以，富连成科班虽然几乎每年有盈余（时局动荡的年头除外），多的可达数千以至最多一万元左右（当时银圆两元多可买一袋二十二公斤的标准袋白面），可是在沈家眼里，这点钱算不了大钱，更犯不上往家里拿。一般用作添置行头、家具等，扩大再生产。沈仁山等第一代班主在世时，就执行上述方针政策。1921年，富连成社迁移到新社址虎坊桥。那是花了一笔大钱的。现存的若干全社合影大都是在这个新社大门前照的。沈仁山一次从蒙古"折账"，换回许多西藏人编织的"氆氇"（一种呢绒），卖不出去。沈仁山脑筋一转，废物利用，就用来给科班的孩子们一人制作了一件别致的马褂。孩子们排队上剧院演出时，常惹得街头群众围观。目的也是为了起轰动的效应。果真上了小报。沈家大喜，说不怕花钱，以后就照这么办。以上所举两例，就说明沈家并不靠科班赚钱，还要往里贴钱。往社里花钱是意别有在。

沈家对社中业务，一如牛子厚那样，完全放手，只是派一名驻社的"账房先生"负责经济监督并通报情况。这位先生姓毛名泽溥，北京郊区人。他不过问细账，但有财务监督和审批权力。他十分忠于沈家，吃住在社里，常年不回家。自己既不听戏，也不学戏，更不参与教学活动。只充当东家耳目而已。由于叶社长、萧先生等为人方正，做事公平，教学努力，毛泽溥也不打小报告。二十余年，相安无事。

以此，沈家分家时，认为京剧富连成科班是个无底洞，有出无进的赔钱买卖，谁也不肯要。于是分给我外祖母。可是，一则我外祖母是个寡妇（虽然有我二舅算儿子），养着戏班子名声不好听；再则自沈仁山故后，叶社长春节拜年时必有一项举动，即：要求"见见老东家"。这就是说，要到摆设灵位和遗像的"影堂"去。于是，就得打开影堂，全家人陪着，实在与吊唁差不多。叶社长还很有做派，行礼后往往掉几滴眼泪，"咳，咳"几声。每年如此。弄得大年初一的就很丧气。我外祖母就以此二者为由，跟七爷商量，找给七爷一些房产为代价，把科班让给他了。可是，科班在我外祖母手中也有几年（20年代末至30年代初），所以叶社长不忘旧，还是来拜年。我外祖母搬家几次，总留一进门的两间房为影堂，以防这样的宾客前来。此种安排一直到新中国成立后才结束，其实，那时叶家早已多年不来了。

捎带说几句：我外祖母当东家时，我二舅、先慈都嚷嚷着要学唱戏。于是由科班派教师来家里教。萧长华先生坦率地对我二舅说，按天资和岁数，我二舅只能学文丑。于是由萧先生给说了几出，有《连升三级》《蒋干盗书》，都能对付着上台。萧先生还教了一出玩笑戏"荡湖船"，为上演此戏，我二舅还买了一个新式望远镜。我外祖母禁止先慈上台，她只可学青衣，清唱，乱学一阵，当时流行的梅派、程派全学，对付着唱吧。

由于我外祖母是寡妇，家中少爷又不管事并闹分家，所以，在我外祖母当东家的短期间内，完全放手。毛泽溥的权力骤然膨胀，他几乎成了"二当家的"了。

沈七爷名秀水，晚年家事败落后改名"秀文"。他生于光绪二十三年丁酉阴历十一月二十六（阳历1897年12月19日）。他曾在鼓楼东大街一带的求实中学（绰号"求实小店"，新中国成立前办学成绩不甚突出）就读，是否毕业无考。他一生没有做过事，不事家人生产，只是坐吃山空而已。他是庶出，其母在家中地位甚低，母子俩有点像《红楼梦》中的赵姨娘与贾环。大哥沈仁山对他也没有什么好脸子，弟兄关系甚坏。倒是与我外祖父年龄相仿，年幼时常在一块儿玩儿。我外祖母因守寡无子，娘家势力已败，在家中也是个受气包，所以能合得来。

沈七爷自我外祖母那里接手京剧富连成科班后，心气很高，认为自己从来没有做过事，此次初出茅庐，要干出个样儿来。再经友人等出主意，首先办了两件事。一件是，改革科班教学制度与方法，添设小学生应该学习的国语、算术、常识等课程。此事写成章程，载入《富连成三十年史》，并借报刊广为宣扬，以收"改革"的宣传效果。同时下令禁止体罚。但是，这两项措施执行得很不彻底，有名无实。再一件是，为了给科班和自己传名，请了一位唐伯弢先生，编写了《富连成三十年史》。这是富连成留下的唯一一部"正史"，也是中国科班留下的唯一的一部较为准确、详细的历史。欲考中国科班史者，此书是不可或缺之重要史料也。沈七爷为出版此书，成立了一家"北平艺术出版社筹备处"，还想出版一些别的书，主要是有关戏剧、美术的书。可是，他是个不会经营商业的人，尚未登记为正式出版社，就先忙着买进一所小印刷厂来，还拉我外祖母等入股。接着忙出书，待《富连成三十年史》出版后，银号迅即倒闭，七爷陷入贫困，出版社也就烟消云散了。好在印刷厂尚未登记为沈家财产，没有上封条。七爷就把印刷厂盘给我外祖母了。此厂以"震东印书馆"名义，也在1933年为先慈印刷过一本她的著作《北海闲咏》。这是先慈存世的唯一一本著作，现收入北京古籍出版社于1997年12月出版的《中华竹枝词》之中。但是没有收录先慈的老师房云亭老先生写的序，后来人要是想对此书写作动机及其前因后果做些小考证，此序还是很有用的呢。这个印刷厂没有生意，也让我外祖母赔钱卖了。

　　沈秀水对沈仁山意见极大，有意报复。《富连成三十年史》中不登载沈仁山照片，实为蓄意抹杀民国元年至十几年间沈仁山办社心血。书出后我外祖母方才见到，木已成舟。我外祖母后来常说："不提我，我是个寡妇，又是他的侄媳妇，还说得过去。不登老东家遗像，心胸太以狭窄喽！"不登沈仁山照片的后果，现在显现出来了，"文革"后退还到我手中的照片，遍寻沈仁山无着。只找到沈郎蔼安老太太的几张，大部分是从我的表妹郑瑾琨女史那里找来的。都是翻拍，编辑说效果不佳。最后，用我保存的一张先慈临结婚时与她的祖母也就是我的外老祖沈郎蔼安的合影。我对这位老太太毫无印象，全仗郑瑾琨表妹辨认。

沈秀水有意自行直接掌握富连成社大权，毛泽溥逐渐靠边站了。沈家退出富连成社后，毛泽溥随之退出，他就返回头来，只认我外祖母为老东家，不与七爷沈秀水往来矣。

富连成科班被查封后不久，叶老逝世。查封后学生和老师四散。七爷也拿不出钱来赎回。还是叶家自己筹划出几千元款子赎回戏箱行头，继续唱戏。收支已经与七爷无干。但是，作为东家，理应接着掏钱办社，才算名副其实。七爷硬撑到40年代初，实在拿不出办科班的钱来，更不愿向叶家（时任社长者为叶老长子叶隆章）讨钱花，于是将科班送与叶家经营。沈家从此与京剧富连成科班脱离关系。

应该说，大体上从1935年起，沈家就基本上与富连成社没有什么实质性关系了。沈七爷倒是很识时务，主动促成产权转移，这也是到了1940年才完成的。富连成在叶家手中不到十年，实在经营不下去，解散了。叶家还是很念旧的，他们经营时，如果沈家的人听戏，他们不要票，好好招待。仍称我外祖母为"二太太"，称先慈"二小姐"。我外祖母就下令，不许听富连成的戏。我到北京时，科班刚归叶家。因此，我从没有听过京剧富连成科班演的戏，甚至没有进过广和楼。

四、沈家三代人的结局

我大舅沈鹏，字云程。约生于1906年前后。他也不做事，并抽大烟。因而坐吃山空，很快败落，家庭生计无着。他起码有二子一女。我大舅母十分能干，把住经济大权，再不让男人插手。连大烟钱也不发，只供应我大舅日常衣食住而已。我大舅会唱一种北京人爱听的曲艺（我忘了是什么曲艺了），据说够专业水平。当时的广播电台经常请他去播音演唱，用洋车接送，送一些演唱费。他全拿来抽大烟了。慢慢地，嗓子坏了，人家也不来请了。他有大爷思想，不向外人借钱。他烟瘾上来，就偷家里的东西，卖给打小鼓的，换钱抽烟。大舅母老防备他，家中东西都编号有数，丢了就找他算账。连孩子都向着母亲，监视父亲。有一天，我大舅母带孩子归宁，我大舅挖空心思，把正房大条案上摆的早就不走的座钟打开，拆卸里面的铜机件，卖了废铜啦。果然多日未被发现。当然，发觉后不免一场大闹。我大舅倒是有一点好处：要偷，偷家里的，对外不偷不借。他于40年代初病逝。他的家，经我大舅母努力维持，得以小康。我听说，她膝下的我的一位表弟在新中国成立后参军，飞机失事，牺牲了。

我二舅沈鸿，毕业于北京朝阳学院法律系。约在1929—1930年之间，在陈调元当山东省政府主席时，他经我祖父介绍，被陈委任为一个县的民政科长并代理县长。韩复榘轰跑陈调元，我二舅逃回北京，从此不做事。我二舅母姓赵，年轻漂亮。我二舅让她作代表，经常去找在朝阳学院教过他的老师——时任法院重要职务者，目的是想进法院工作。不料一来二去，那两人勾搭成奸。我二舅将事情公开，在北京各小报上闹得满城风雨。结果是两败俱伤。那位先生丢官罢职，带着我二舅母隐遁。可是法律界没有人敢用我二舅了，他连律师都做不成了。从此他颓唐不振，抽起大烟，将分得的家业耗光。我外祖母无法，只好又为他娶了一个续弦。结果两人一起抽大烟，败落更快。赵氏留下三个女儿走了，我外祖母把她们接到自己家中抚养。我大表姐上中学时与另一男中的学生谈恋爱，我外祖母坚决反对，结果这两人都得了肺病，郁结身亡。我三表姐受肺结核传染，不久也死去。我二表姐一看，祖母太专制，就逃往我大舅母家居住，但还是常回来。我到北京时，那两位表姐已死，和我二表姐倒是熟悉了。她在国民党空军驻北京的机构当打字员，新中国成立后随军起义，1950年后就没有联系了。

我二舅夫妇在北京城里无法生活，就到西郊农村当小学教员。抗战胜利后，西郊成为国共两军拉锯之地，他们回到城里，住在我外祖母家中。新中国成立后他投考华北人民革命大学，结业后参军，分配山西工作。来过两封信，一封是军属证明。派出所也得到通知，来家中在大门上钉军属牌照。我外祖母抵死不干，说："沈鸿与我早已分家，不是我的儿子了。"弄得警察无可奈何。我问原因，我外祖母说，此人靠不住，将来指不定捅出多大娄子。决不能认他。果然，来了第二封信，附有一张照片，是和一位很土气的中年妇女干部的结婚合影。可是，我那位续弦二舅母何往？大家为之愕然。不久，听山西回来的人说，我二舅因"有人命案"被捕判刑。我们怀疑，可能是他在山东时作威作福逼死人命，新中国成立后经过调查才犯案。从此他就再也没有消息了。最近听我的老友中华书局编审刘宗汉先生转述，说50年代中，在东城本司胡同有个四五十岁的拉三轮儿的，是沈家后裔，能唱丑角。如果确有其事，非他莫属。可能他刑满释放回京，以此为生了。但是我很怀疑：为什么他不来找我们呢？

沈七爷只生一女。他对此女寄予厚望，希望她将来能成学者。于是，七爷到琉璃厂商务印书馆买了一整套《四部丛刊初编》。商务印书馆奉送四个硬木书柜。为此，小姐取名"沈涵芬"（取商务印书馆涵芬楼之义）。她生于1930年，比我大两辈。我一直称呼她"小舅老爷"，这是对未出嫁的女性长辈的男性化称呼。她很漂亮，长大后不爱读书，爱跳舞，新中国成立后参加南下工作团，随军赴武汉。七奶奶在沦陷时期逝世。七爷越来越消沉。卖尽当空，孤身一人。约在1950—1951年之间，经街道干部介绍，自愿进人民政府办的无业贫民收容所生活。我外祖母派我去给他送行。我到时，他正在处理旧家具。四个书柜已经卖了两个。《四部丛刊》是早就卖了。他知道我刚进北大中文系学习，就将剩下的两个书柜送给我了。现在我还在用呢。

　　七爷住的收容所，在现在的北京大学蔚秀园北墙外，小河南边，据说是原来的燕京大学"哈佛燕京引得编纂处"的印刷所或铁工厂。一溜大北房完全打通，东西厢长，南北进深也很大。靠北墙一溜大炕，所有的人都睡在这一个炕上。1952年院系调整后，我到了燕园学习，与七爷的住所相距不远。我外祖母就派我在中秋节带一包月饼去慰问。当时七爷精神尚好，因为同屋人多，也没有多谈与深谈。所里的负责人把我外祖母和我的姓名、地址抄录下来，我就告辞。1953年初秋，我外祖母在家中接到通知，说七爷逝世，叫亲属去一趟。可是我一周才回家一次，待我知道后于下周一赶到收容所时，见一辆马车（即俗称为"大车"的）上放着一个无漆白板棺材，准备出发。里面盛的当然就是七爷遗体了。所里的干部问我有何要求，我说非常感谢。于是我目送大车出门而去。

　　我外祖母因子宫癌扩散全身，于1960年11月1日在家中逝世。几代沈家的京剧富连成科班东家，至此全都撒手人寰。

毛泽溥在沈家撤离富连成时回郊区老家,靠多年积蓄当小地主,过小康生活。常来我外祖母处探望,有时一住多日。新中国成立后他戴上地主帽子,有时还来,向我外祖母要点钱花。他说,盛章、盛兰见他总是很尊敬,称呼"毛大爷"。但是,他又说:"穷死也不能跟戏子要钱花,花东家的是应该的。"后来,大概是乡下管理严格了,1951年以后,就不见他再来了。

  2005年1月6日,星期四,改订于承泽园
  2005年1月24日,星期一,重订

中篇

我的马氏书情结

1945年抗战胜利，我正读中学，先母即主张我将来要入北大，读文科的中文或历史系。为此，用"孟母择邻"之法，从北城板厂胡同移家东城翠花胡同，目的是靠近北大。我家与北大文科研究所斜对门，我常进去玩儿。先母结识了北大历史系20世纪30年代的毕业生、专攻太平天国史的谢兴尧先生。谢先生字五知，自号"老长毛"。那时已在学术界崭露头角。他是四川人，解放后任《人民日报》图书馆馆长，2006年6月24日逝世，享年104岁，可云高寿。谢先生的蜚声学术界的得意弟子是《清人诗文集总目提要》的著者柯愈春先生，后来与在下亦为知交，我非常佩服柯先生，认为他是脚踏实地真正干活之人，所见所读古籍忒多，提要功夫做得十分到家，实乃当代版本目录学界巨擘。

话说远了，返回头来说，谢先生常来文科研究所，访问他的老乡于石生先生。于先生在所内负责整理明清档案。于是我们母子也结识了于先生。这老二位不厌弃我，常予指导，有时还来我家中闲谈，所谈多为学术。我获益匪浅。

于先生那时正看马氏书，系胡适之校长特批。据说，教员系中谁看马氏书全得特批，但这只是履行手续，不会不批的。学生要看，大约得是做论文与之挂钩才行，于先生说不清楚。可是，无论是教职员还是学生，申请读马氏书者寥寥。当时只有于先生一位。

谢先生旁听过马隅卿先生的课，他对"五马"均有深刻认识，写过文章介绍。他和于先生把马氏和马氏书的情况给我讲得相当清楚，其内容与现在大家知道的差不多。

我在1950年入北大，入学前对学校门径已经略知一二。于先生那时把马氏书已经看过近一半了。我综合他说的和从别处听到的，以及我亲眼看到的，把当时所知的马氏书情况略述如下：

马氏书在1937年春季开学时进馆，安置在善本室。从伪北大到解放后，管理善本室的一直是王锡英先生一人。王先生入馆甚早。我后来看过老北大工资册，毛主席入馆时月薪8元，他已经挣28元了。有人说毛主席等八个小职员同睡一铺炕，一起翻身，其中就有他。我以为此说不确。按当时北京的生活水平，28元足以赡养几口之家，他用不着和别人挤着去。

　　据于先生说，当时的善本室内并不严格按号上架，王先生把许多书随意插架，北大的老善本有个简目，但李氏书正在编目，马氏书也只有马氏自编的简目，李氏书和马氏书都没有列入老善本书目。外人想查没法查，想看见不着。北大的人经批准，要看马氏书，王先生一本一本地换着给你看就是了。就在善本室内看。库里常常只有王先生与于先生两位，安静得很。王先生轻言寡语，和别人谈不起来。

　　"三五反"运动时，我听见对库里不按号上架有两种说法。一种说法是，老职员为了保住饭碗，故意把库里搞乱，使别人无法插手。另一种说法是，敌伪时期怕日本人按图索骥，解放战争后期又怕蒋政府运走，所以，马氏书"没有"作图书馆目录，乱放；李氏书编目故意放慢。其中可能有地下党的高人在起作用。我想，这两种说法结合起来，可能道出其中真谛。我听说，王先生的子女中有几位地下党。我还知道，解放后毛主席派汽车来接王先生，请王先生去叙旧，可他就是不去。我为此亲口问过王先生，他只是说："那时候想不到，那时候想不到！"不明其中真意。再也问不出别的了。

　　"三五反"运动中，大约因为我为人和气，说话不发怵，但又不善于斗争，所以常派我出去做一般性的外调工作。一次，派我去正在筹备中的中国科学院，找吴晓铃先生外调。他那时任郭沫若院长的秘书，筹备处在今国家图书馆老馆西侧的"静生生物调查所"内。吴先生眉飞色舞地对我大谈马氏书，说他在毕业前作论文，经文学院院长胡适之先生特批，入库把马氏书看了一个过儿，并手抄马氏书原目录。至今，马氏书的马先生原编目录存世者，除原本外，他的手抄本是唯一的副本矣，云云。我听后佩服得五体投地，羡慕得不得了，心想此生如能有看几本马氏书的机会，也就不枉了。

回来和于、谢两先生一合计，他们说，吴先生能抄出一个马氏书目录副本，很不容易，足证是个有心人。但他说把马氏书通看过一遍，就是走马观花，也不可能。马氏书1937年2月进馆，8月日寇就进占老北大。吴先生看书的时间也就半年。即使天天不干别的，八小时泡在善本室，也看不完。于先生看了三四年，才看了一半左右呢！以后我又见到吴先生，把这话一说，吴先生马上改口说，看的是全部小说。并且说，那才是马氏书的精华呢！并故作神秘状，说，跟你们小孩子"不可说"（后来我知道"不可说"是梵文an－abhilāpya的意译，但一般人都用它的世俗化引申义，吴先生此处正用引申义）。

"佛云'不可说'；子曰'如之何'。"吴先生越是说"不可说"，我就越想探讨那"如之何"。几乎形成一种"马氏书情结"。但是，几十年中，由于社会上大环境的原因，始终没有看到。改革开放后，由于工作需要，倒是陆续看了一些，大体上都是在北大善本部看的，而且看的多半是朱传誉先生那一套影印本。马氏书原目录，却是这一次办展览时透过玻璃橱窗才得一见，未能翻阅。因为早已通过孙子书（楷第）先生编著的小说目录基本上了解了马氏书的大致情况，所以对马氏书原目录也就不觉新奇，甚至对之有点兴致索然了。孙先生的两部小说目录，在其1953年再版时，我和沈玉成学长代为校对过，所以有点熟悉了。其实，要深入探究马氏书，我想还是得首先对马氏书原目录进行研究。我那种不求甚解的态度是错误的。

我总是在想，马隅卿先生是聪明人。马氏不登大雅之堂文库的建设，是时代的赐予，更是他目光独到、抓住时代机遇的结果。"五四"新文化运动前后，梁启超先生提倡注意"小说与群治之关系"；鲁迅先生更在北大首开"中国小说史"，开一代风气。马先生弟兄和鲁迅先生是朋友，受到影响，开始懂得研究与收藏小说戏曲书籍的重要性。那时的传统藏书家，还都是讲求百宋千元、经史子集，极少往小说戏曲领域涉猎。北京琉璃厂等地的书铺，这些书挺多的，开价不高。藏书家常有在某一范围内竭泽而渔的心理，以马氏的财力，与传统藏书家如辛亥以来活跃在北京的江安傅氏、武进陶氏等都没法比，因而马氏自辟蹊径。今日看来，这条道马氏算走对了。

我总是想，马氏书的重点在小说，说明马氏受鲁迅的潜在影响颇深。周氏兄弟与马氏兄弟的戏曲爱好同样有限呐。另一方面，吴瞿庵（梅）先生先在北大，后在中央大学（今南京大学）授课，提倡戏曲不遗余力，还自刻戏曲集。就是在北京，马氏也抵不上王君九（季烈）先生。所以，马氏虽然收戏曲书籍，究竟不如收小说之宽泛。马氏可说将中国汉文古代小说搜集基本齐备。马氏书基本上纳入北大图书馆，形成馆藏一大特色。至今，论戏曲，国家图书馆馆藏远远超过世界上其他各馆，仅就"远山堂"和清代连本大戏而言，就把大伙儿全给镇了。首都图书馆和天津市图书馆收藏的民国以来至解放前的小说戏曲极多，而今大部分也是可遇而不可求的宝贝啦！北大馆善本部的特色（特色不一定等于优点），我看有五：

一是马氏书，特别是其中的小说。

二是李氏书，其中的"和刻"善本（也包括方氏碧琳琅馆原藏）和一部分宋元明清善本挺好，但总体上抵不过国家图书馆。当然，"和刻本"能在中国各馆中称雄，比起本主儿日本就算不上什么了。

三是"艺风堂""柳风堂"等拓片。但解放后不大入藏，总体上自然也抵不过国家图书馆。倒是咱们的编目颇有特色，也编得差不多了。这一点干得比国家图书馆早而又好。

四是燕京大学图书馆原藏善本，以个别优秀取胜。可是，中法大学图书馆的书，早就编好目的，只因给的是另一种号，就总是少见入列，造成资源闲置。当然，现在看，其中的难得的好书，恐怕是外文书，特别是法文、拉丁文的旧书。我是外行，姑妄言之。

五是各种文字的书籍杂志和"新善本"，有许多散在各院系，未经统一整理，有多少好家底还不知道呐。例如，解放前陈寅恪先生"卖书取暖"，胡适之校长派季希逋先生拉回来的外文书，放在东语系；解放后吴春晗先生参加开国政协的全套文件，捐给北大历史系了。现在都可称宝贝。我从来建议全校统一编目，至少得联网，资源共享。

话说远了，拉回来说。马氏书中的小说可谓洋洋大观，泥沙俱下。当初大约是一求全备，二感新奇，收了许多黄色书。这些书在明清多为禁书，可在民国年间书肆中流通者不少，甚至有琉璃厂书铺等翻印者。那时得之不难。解放后；特别是"文革"后，可就不容易了。这些书又形成马氏书小说中一大特色，据我看，别的馆都不如北大馆收得全。善于利用，化腐朽为神奇，可就在于北大馆诸公矣。

拙见以为，这类书的艺术性颇差，比起古代南亚次大陆的《爱经》之类著作，相差甚远。因而，其社会学研究意义大于文学研究意义。而且，就说从明代以下吧，此种书的情节陈陈相因，沿袭而缺乏新意。比如，著名的《金瓶梅》

虽号称"奇书",其中的色情描写大多可从以前的黄色书中找到来龙,再往以后的书籍中看,还有去脉。后来,如解放前北京天桥的拉洋片的,偷偷的将这些书或拆散,或略加修改成现代场景,分成无头无尾的几页一份的小册子,高价出售,乃是末流之末流矣。可是,中国城市中以中学男生为代表的群体,那时候却是靠这些"性教育"启蒙的。而且,多年"打黄","贩黄"却屡禁不止。这些现象,都需要我们从现在能找到的根子上挖,从诸多学术的角度去探讨。这种探讨,不但有学术性,也有强烈的现实性。对马氏书特别是其中黄色书的研究,恐怕是回避不了的。遗憾的是,这出连台本戏还没有正式开锣呢!

2003年12月5日,星期五。承泽园

书影与藏书印

近现代流行"书影",如杨守敬《留真谱》、瞿启甲《铁琴铜剑楼宋金元本书影》、柳诒徵《盋山书影》,都是解放前的代表性作品。解放后北京图书馆编纂的《中国版刻图录》,堪称个中巨擘。传统的编纂方式是:拣选各种善本书印得好的样张,或是有代表性的样张,如首页、目录页、序跋页、刻书牌记页等,基本上照原大影刻(早期书影多采此法)或影印,并附原书开本尺寸及相关说明。书影中是否每页均有藏书印,并无具体要求。印行书影,主要供鉴藏者(藏书家)和相关的图书馆、古旧书书商等鉴识古旧书,一般读者也可借此尝鼎一脔。自石印影印法大力推行,如商务印书馆《续古逸丛书》《四部丛刊》《百衲本二十四史》等大型丛书类影印书籍均采用此法,佛教藏经如《宋藏遗珍》

《影印本碛砂藏》等亦从而推波助澜，再加上少数珂罗版影印希见珍本之仅下真迹一等，全书易得，书影在解放前已沦落为大体上仅作为欣赏之助与售书收书参考，并不发达。浏览所及，也不过六七种而已。

"十年河东，十年河西。"这是季希逋（羡林）老师嘴头上经常挂着的话。证之以世事，吻合之处颇多。"文革"中，古旧书惨遭劫难，留存者稀如星凤，就连近现代的书籍，也多化为劫灰。改革开放以来，国运昌隆，社会和谐，经济崛起，渐渐显现出盛世的面貌。古旧书业逐步复苏。小市上捡漏儿的如过江之鲫。带有指路灯性质的书影再度繁荣昌盛。即如我的朋友陈坚、马文大、周心慧等位，前几年一连编纂了七八种书影类型书籍，令人目不暇接，仅他们一家，种数就超出解放前的总和。真令人叹为观止焉！如斯均乃国运之赐也！

再说藏书印，这可是中国人发明并大力推广的玩意儿。我看，比欧洲人的藏书票强。咱们的藏书印五花八门，从极普通的名章，到书斋、书室、堂名印章，金石书画鉴藏印，以至抒情言志印（著名的如郑板桥的"二十年前旧板桥"），甚至类似遗嘱的垂诫子孙印，无所不有。真草篆隶，各体皆精。诚乃天下之大观与奇观也。由此发展出进入版本鉴定行列，据印章以考订收藏源流，以至于印章真伪，印泥年代及优劣。藏书印的鉴别，已发展成版本研究的一大旁证。专门著作，如故交林中清同志的《明清藏书家藏书印》等，均为近年来应运而生之作，所惜囿于所见大藏书家范围，视野不甚广阔罢了。

时运推移，解放前藏书家追求的百宋千元善本，多数早已进入国家级图书馆。一般的玩儿家、捡漏儿的，已经把目光移向更广袤的领域。图书馆的采购人员遇到的新问题多半也属于此类。对书影和藏书印的推广性研究已经提上日程。豪杰之士必然应运而生，干这手儿的前提有三：一为有丰富的藏书；二为有内行的识别、拣选能力；三为有强大的摄影、复印设备及得心应手的使用人员。其后期工作起码有二：一为优秀的印刷能力；二为开通的营销网络。线装书局最近出版了由著名出版家董光和先生策划，中国国家图书馆分馆的分管副馆长孙学雷领导的普通古籍组主编的《中国国家图书馆古籍藏书印选编》，就是这样一部佳作。此书洋洋十大本，几乎囊括国家图书馆馆藏之精华。前有孙学雷馆长的专文《印章流变与国家图书馆普通古籍藏书印述略》一文，已将此书内涵与藏书印研究之流变叙述得原原本本，十分清楚。拙稿所云，不过是孙女史大作的唾余而已。

总之，此书是书影与藏书印研究的紧密结合的佳作，是此类著作中的头一部，开山之作，出手不凡。印刷精美逼真，足见策划者之绵密用心，更是工厂印制者追求精良成绩的成果。特别应该提出的是，附有详密的"印章释文索引"

和"书名索引",使人一索即得。这本是国外出版书籍的常规,但在我国经常忽略。此书对这一点极为着力,值得称赏。

其实,就是不搞藏书,却专门研究印章的人,翻阅此书,也会感到,如此大规模的实用型印谱,可称独此一家。要是时常翻阅,还能使您变化气质,离俗变雅,由自己刻几方藏书印试试,进而迈入"狂胪文献耗中年"的高雅境界。

唯一略感遗憾的是,此书定价颇高。这是受精工细作的高成本所限。总不能做亏本的买卖吧!其实,物有所值,您只要掂掇掂掇这一部大书的分量,再想想它能给您多大帮助,能给您多少指引,也就慷慨解囊啦。

2005年9月17日,星期六。紫霄园

藏书家身后盖印

尽人皆知，藏书家爱盖藏书印，有的藏书家远不止一颗印章。藏书印的内涵五花八门，字数多的有如一篇短文。研究书史特别是搜求善本书的人，鉴别书籍真伪，考镜收藏源流，常自识别藏书印鉴出发，以之为指路明灯。于是，有人为此编成专书。亡友林申清先生生前所编的一部《明清著名藏书家、藏书印》，在改革开放后的此类书籍中出版较早，有如报春燕子，颇受重视。国家图书馆分馆由孙学雷、董光和主编的《中国国家图书馆古籍藏书印选编》则是煌煌巨著。可见，有关藏书家与藏书印的事情，已成专门之学。我是外行，于斯学不敢寻究探讨。只能谈谈自己看到与听来的一些情况，聊资谈助。

且说，我过去是北大学生，现在是北大信息管理系（旧称"图书馆学系")退休人员。理所当然,要对蜚声海内外的北大图书馆作些了解啦。北大图书馆号称当代国内第三大馆(前两位是国家图书馆与上海图书馆),高校中第一大馆。其凭借,除馆史老、藏书量大等因素外,善本特藏多是一大特色。我已经在另外几篇拙作中,对北大图书馆善本特藏的一些特点略抒己见,于此不赘述,只谈谈与本文有关的李氏书罢。

"李氏"是李木斋(盛铎),其"木犀轩"藏书在二十世纪二三十年代甲于京津诸大藏家。李氏生平及其藏书的内容,以及1939—1940年之间转让给北大图书馆的经过,知交原北大图书馆善本特藏部主任张玉范女史《木犀轩藏书题记及书录》(北京大学出版社,1985年)一书中言之綦详,请有兴趣的读者自行寻览,亦不赘引。

且说,李氏书虽然进了北大图书馆,他的藏书印却没有随同进馆。1951年"三五反"运动中,有人揭发说:在隆福寺街近西口处路南一个旧书铺内(书铺牌号我已忘记了),买到一部明版巾箱本《老子》,书中盖有李氏藏书印章。书铺老板还故作神秘地推销说:这是从北大散出的,用以坚定买主的抢购信心。这次买主拿出此书,一看,果真如此,借来与北大入藏的李氏书对照,藏书印分毫不差。当时,北大的李氏书正在缓慢地编目,如出现此种盗卖漏洞,肯定是大问题,于是严查。结果是:抗战胜利后,李氏的不肖子孙将一锦匣约十多个李氏印章（多为藏书印）卖与这间书铺。书铺已利用这批藏书印给若干明清版书籍加盖，借以抬价。此事为北大一位讲师所知，他正有一部《老子》想卖，又知道自己认识但非知交的另一位学者正托此书铺代为搜寻此种书，于是讲师与书铺合谋，借用李氏藏书印加盖，以博善价。那位学者果真上套。这次他亲自揭发，板上钉钉。当然，首先调查的是书库管理和编目人员，他们大受其累。几经校内打虎队内查外调，水落石出，那位老师变成老虎，"八魔炼济颠"，大为狼狈，1952年院系调整时被逐出北大。我当时是学生，担任过几次不重要的外调任务，取回《老子》查对并送回，并在书铺中目验那一锦匣藏书印，"旁听"过对讲师的审讯，至今记忆犹新。这一匣藏书印今归何处，我就不知道了。我从而学到了一招：加盖名家藏书印的旧书能多卖钱。近年来，由于工作需要，我经常阅读拍卖资料，这些资料中的每一条都标明原书中加盖了什么印章，或有那些名家签名，等等，其中包括非藏书家而为其他领域的名家的印章和签名。我对现在流行的售书签名的举措有点明白了。

且说，藏书家和某些其他领域的大名家的印章，特别是其中的藏书印，向来追求刻工精细，要是铁笔巨匠所刻才好，最低也得是书卷气十足的行家经心之作，才配得上自己那些藏书呢！老师谆谆教诲我："瓜田不纳履，李下不正冠。"干我们图书馆这一行的，不可购买收藏1840年以前的文物书籍，更不可买某些图书馆散出的图书。因此，寒舍所有，全是近现代出版的书，加盖印章以示并非攘窃。我也附庸风雅，请人刻过几颗藏书印，满意的只有两三颗，全是书生所刻，至少没有匠气。加盖名章、藏书印等的图书，极可能比个人生命长得多。争取给后来人留下点美好印象吧。寄语欲刻印章的新进：万勿轻易叫刻字铺的匠人执刀。至于到邮政局领包裹、信汇等用的印章，倒是请刻字铺的匠人刻成清楚的楷体字为宜。

　　世事变幻，新奇叠出。我听说，某位大名家身后，子弟售书。原来没有盖印，加上再要是缺乏签名和书中题跋等，是不是他的书，买主无从知晓。从来是"玉在匮中求善价"呐，于是身后刻印（包括名章与藏书印，特别是藏书印，以及若干"闲章"），盖印，家属忙得不亦乐乎。听说，书店往往鼓励这么干。藏书家与名家身后盖印，早不是什么秘密了。如果这些印章将来落入他人之手，那些位北大讲师的私淑弟子将再度施展身手矣。任又之（继愈）老师有一次问我：听说某人的闲章是你给刻的。我说：决不是。我从不进刻字铺。可能有人听我说过这类事，言者无心，听者有意。他们就照此办理。

　　此等事与我绝对无关！

2003年12月16日，星期二

"舒学"小记

"舒学"是个代号,但它牵涉到学术界几位先辈与前辈,而且已经引起了一些小误会。笔者与"舒学"始终有缘,愿将所历所闻陈明,也算是学林中一则小小的漫录吧。

约在1974、1975年顷,"长沙不久留才子",沈玉成学长——就是《左传译文》的作者,曾任社会科学院文学研究所古代文学研究室主任的那位了——自湖北咸宁"五七"干校北还,进了文物出版社。不久,经沈兄介绍,屈育德学长——就是曾在北大中文系讲授"民间文学"课程的那位了——和笔者,相继给《文物》编辑部帮忙,义务看稿子。1976年粉碎"四人帮"后不久,为了有关敦煌藏文卷子的问题,沈兄带我去中央民族学院见王尧教授。谈次,王尧先生主动出示北京大学图书馆学系教授王重民(有三)先生的一篇稿子。此稿分两部分。第一部分是王有三先生当年在巴黎过录2555号卷子中两位作者的诗作七十二首。这是可补《全唐诗》的。第二部分是有关的考释。考释写得甚长，颇见功力。看来是王有三和向达（觉明）两位先生在五十或六十年代早期合作写的。其中很多精彩见解是向先生提出的。此稿经几位学者（已记不清姓名）看过，似也贡献了一些意见。此稿在王尧先生处，我估计是王有三先生请他提意见时交付的。王尧先生也在第二部分里写了一些意见。当时《文物》编辑部正准备编《文物资料丛刊》，第一辑内容由编辑部主任王代文、杨瑾——后来他们两位都是文物出版社的总编辑了——决定，我看那一辑的稿子，起的是责任编辑助理的作用。王尧先生得知此事，竭力向该刊推荐此稿。王有三先生不幸逝世，当时尚未平反。向觉明先生的情况与之略同。王尧先生推荐此稿，我体会很有在学术界先给他们二位平反之意。这是需要有一些冒险勇气的。我也勉强算是王、向二位老师的学生，王尧先生的勇气激起沈兄与我的共鸣，于是持此稿归去，向编辑部推荐。编辑部多次向王、向二先辈的原工作单位北京大学有关部门征求能否发署名稿的意见，迄未见作答。于是采用以下处理方式：

一、将录文部分经过整理，发在《文物资料丛刊》第一辑上。整理工作，主要是去图书馆对照摄回的原卷照片（不是向王先生就是向先生在巴黎摄回的），将原文重新写定。

此工作由我和刚由北大历史系毕业分配到文物编辑部的李力同志承担。王有三先生的原稿是在巴黎匆匆过录的，不免有误。我们均据原卷照片改正。这就是发表的铅印录文。这一部分如有错误，应由我负责。

二、考释部分，由于种种因素，如不合《文物资料丛刊》体例，署名难办，总之是不好发表。决定取其精粹即结论部分，改写成"前言"。改写初稿的是我，定稿者为沈兄。沈兄只做文字再加工，对原稿的去取与浓缩工作是我做的。如有问题，也应由我负责。

三、文章定名《敦煌唐人诗集残卷》，署名为"舒学"，乃王代文同志所取，义取"初学"谐音。按，他所取的这种代号不少，如"闻悟""郁侃""文华"（"文物""月刊""文化"之谐音）等均是。编辑部惯例，凡发表经编辑人员大修大改的文章时，在征求作者同意的前提下，可以用编辑部自定的某一笔名。某一编辑或编辑组人员常固定使用一个至几个笔名，内部人员一看，便知某文谁加工改造的，便于联系与分清责任，实际上乃是一种代号而非个人笔名。"舒学"代号从此出现，而且以后与我有缘矣。

四、为不埋没王有三先生之业绩，前言中附记原委，如下：

新中国成立前，王有三先生曾从巴黎图书馆将这一残卷全文录出，以后又做过整理加工，惜未最后完稿。现在我们在王先生原来录文的基础上，又据北京图书馆所藏照片作了一次校对整理，在这里发表，供有关研究工作者参考。

当时用"王有三先生"（而不用"王重民"）这五个字，是我出的主意。区区微衷，明眼人当能谅察。

近来，据有人告诉我，王师母刘修业先生说，"舒学"就是王尧。《光明日报》1983年8月9日载文初同志《敦煌文学研究的一个新成果》一文中云：

> 第一个发现、抄录并从事整理工作的我国学者是王重民。可惜的是，整理工作尚未告竣，他就含冤而逝了。此后，王尧在王重民遗稿的基础上完成了整理工作，并将整理稿题名《敦煌唐人诗集残卷》，发表于1977年《文物资料丛刊》第一期，署名舒学。

我想这是采用了刘修业先生的说法。王尧先生在保存、加工（特别是考释部分）、推荐此稿方面贡献极大，文初同志的说法可以说是正确的。我想补充说明的是：说此稿署名的"舒学"是王尧先生则可，说"舒学"就是王尧先生则不可。因为以"舒学"署名的还有几篇，也常被引用，那是与王尧先生毫无关涉的。

　　一篇是发表在《文物》1978年第一期上的《我国古代竹木简发现、出土情况》。此文曾经北大图书馆学系《中国书史参考文选》等转载或在参考书目中列出。原稿是罗福颐先生在"文化大革命"前用文言文写的，甚长，有详细说明考释。此稿压在编辑部多年，杨瑾同志叫我译意并增补六十、七十年代出土的新内容，所补分量与原稿略等。写成后再经编辑部其他同志极力浓缩，最后压成提纲式，已是面目全非。征得罗先生同意，以编辑部名义发表，署名"舒学"。

　　另一篇是发表在《文物》1978年第十二期上的《敦煌莫高窟》。此文后经《敦煌的艺术宝藏》（敦煌文物研究所编，文物出版社与香港三联书店1980年联合出版）一书转载。此稿为敦煌文物研究所施萍婷同志所作，经我初步加工并补充了一些材料，定稿的则是沈玉成、屈育德两学长。以增补部分不宜由施同志负责，故在征得同意后，由编辑部署名"施萍婷、舒学"。于此可明确看出："舒学"不是我的笔名，而是编辑部使用的一个代号。因为此文是沈、屈二兄定稿的。上面已提到，过录伯2555原文的是李力和我；还应提到，为罗先生的文章搜集补充资料的还有我的学生倪平，改稿初稿也是她写的。可见，此代号下人头甚多。不过，凡有"舒学"署名的，都有我参加，而且如有错误，是应该由我负责的。

有关伯2555号的"考释"中，向觉明先生有个小注，大意是说"非所"即监狱，并引《刘随州集》中诗与此卷互证。我据此搜集材料并从语义发展上探求，写成一篇千余字的考证，作为补白，发表在《文史》第十三辑上。亦署名"舒学"，以示不敢忘本。本人得稿费十一元。这是仗着"舒学"得的唯一一笔稿费。别的全是业余爱好，义务劳动。这是"舒学"与我打的最后一次交道。兹特郑重声明：以后再有"舒学"，均与本人无关矣。

最后，有个建议，最近学术界讨论伯2555号卷子中那七十二首诗，常涉及"舒学"写的那段"前言"。其实，那不过是长篇"考释"的压缩再压缩，干瘪之极。我建议王尧先生或刘修业先生将"考释"整理发表。"前言"乃特殊情况下之畸形产物，实不足以代表诸先辈和前辈之学术水平也。

侍坐话"毛边"

我年轻的时候,先后听家母和两位图书馆学界的老先生闲谈中议论过"毛边本"。现在把记忆混编在一起,简单汇报。

老先生说,毛边本始于欧洲。真正的毛边本的规格是,只裁地脚(下切口),不裁天头(上切口)和翻口(外切口)。洋装书直立在书架上,裁了下切口即地脚,就和一般的裁去三边的书一样,容易站立。不裁天头和翻口,目的有二。一是相信对方一定会裁开看的,这是把对方当知音看待。因此,毛边本是持赠给好朋友的,应属于非卖品。另一个目的是,看书时,一般是翻阅书的翻口即外切口一侧。看的时间长了,书边会变脏发黑。那时,可以用大型切纸刀顺着边切一刀,边上就又干净了。

新中国成立前，书摊上可是常卖毛边本。鲁迅的著作毛边本较多。我就有一本三侧均属未切的"毛边"的《中国小说史略》。老先生说，这都是书商粗制滥造。因为，它们是三侧都没有裁切的，应视为没有经过剪裁工序的未出厂残品，不是真正的毛边本。而且，毛边本是作者为了送人特别定制的，版权页上虽有定价，照理说，是不应上市流通的。我问，鲁迅送人的是不是也属于三侧不切的书，老先生笑而不答，以后在谈到类似的问题时，只是说，日本人制造的毛边本，三侧不切的颇多。日本人学欧洲人，没学到家。

老先生还说，装订得好的送人用的毛边本，作者在送人时，常常附带送一把裁纸刀。讲究的裁纸刀是用象牙磨成的薄片状的刀，便于夹在书中附送的，兼具书签用途。也有精致的钢刀，不能当书签。

这时我想起，新中国成立前后在北京东安市场，卖刀剪的商店里常卖各式各样的中国式带鞘的腰刀或宝剑形状的小型刀剑，而且往往十二个一打，放在精制的匣子里售卖。我母亲是留学法国学装饰的，告诉我说，这些是裁洋装书的书刀。我那时认为，当时国家战事频繁，民不聊生，哪有闲钱买这个。我母亲却说，外国人一买起码一打。后来想起来，一问老先生，果真是配合毛边本使用的裁纸刀。外国人一次买很多把，为配合新书送人无疑。中国小型刀剑配洋装书，想来别有风味。

老先生又说，人家送你这样的毛边本带书刀，你要是不看，就是大不敬，纯属看不起人了。起码也得裁开，装装样子。老先生说，丘吉尔送一部自己的著作给一位贵夫人，这位夫人在当时尚属英国殖民地的开罗有一幢别墅，欧战时，夫人搬到别处，别墅空着，丘吉尔到开罗开会，就住在那幢别墅里。一天，丘吉尔在那位夫人的书房里看到自己送她的那本书，从书架上取下来一看，还没裁开呢！丘吉尔动了真气，在扉页上写了一段批评那位夫人的话，说她辜负了自己的一片好意，也不读书。言外之意，此书"明珠暗投"矣！老先生又说，战后夫人归来，偶然翻阅此书，发现留言，大喜，立即送伦敦拍卖行，以高出书价许多倍的价格拍出去了。丘吉尔闻之，更加恼怒，想写信与那位夫人绝交。有人提醒，若写信，可能接着还得拍卖。于是截止。我对这条资料感兴趣，查过，没有查出来。哪位查到，告诉我吧。

不知怎的，我听了上述的那些话以后，多年来头脑中总有一种自觉是不甚确切的感觉，或者说是朦胧的印象：一想到西方的，或说是欧洲的古老的毛边本，加上象牙书刀与中国书刀，仿佛总浮现出东来的东印度公司一类掠夺者，外加奥斯丁笔下有钱又悠闲的绅士与淑女。像《傲慢与偏见》中的伊丽莎白和她的姐姐那种洋青衣，才是在起居室里慢慢地一页一页裁开毛边本恬适地阅读的正工。至于东施效颦的日本和中国的平装毛边本，则有点"土港式"的做派啦。以上的迷蒙的胡思乱想极可能完全不符合事实，但就是在脑中挥之不去。

不管有何种想法，我听了上述的老先生的话，如逐渐上了烟瘾一般，对毛边本终于感兴趣了。以后我自己每出一种书，就会要求出版家和印刷厂给我制作一批毛边本，用以送人。我交代说，一定要裁下切口即地脚！可是，送来我处的每一种书全是三边不裁的残次品，哀哉！

从《春明旧事》谈起

《春明旧事》是石继昌先生所写老北京逸事短文的合刊集，北京出版社1996年12月出版。计收有关老北京的历史性质小品"人物"类29篇，"风土"类28篇，"习俗"类21篇，"艺文"类28篇，"掌故"类34篇，总计138篇。

面对此书，蓦上心头的，首先却是陶渊明《时运》诗序中那脍炙人口的尾句："欣慨交心。"接着，好似那"水面回风聚落花"，零落散如云的旧事又团聚起来了。想到了石先生，又联想到另一位先辈老人，那就是王仲闻先生。

我得以晋接两位先生，大约都是在60年代初。两位先生在我脑中都有深刻的印象，可是细想起来又白茫茫一片。这是为什么呢？大约是因为时间前后虽有三十多年，接触次数也不少，可是每次谈话却都很简短，没有太多值得记忆的。

倒是间接从他人处偶然听到些只鳞片羽，才对两位先生有了粗浅的认识，从而知道更加敬重他们。只可惜从他们那里学到的太少太少，比零多不了多少。

约在1959至1960年之际，我主要通过程毅中学长的中介，和北京中华书局有了时多时少似断似续的业务上的联系，至今快40年了。正当我与中华书局开始建立联系之时，王、石二老进"中华"工作。

王仲闻先生是北京中华书局的"合同工"，也就是说，不属于国家工作人员，没有铁饭碗。可是他住在中华书局的办公室内，晚上很少回家。白天八小时给中华书局干活，主要干有关"词"的活计。

他是王静安（国维）先生的儿子，继承了静安先生的词学，十分精通此道，达到如数家珍的地步。他对于史部，特别是宋史，也是极为通晓的。在中华书局时，他的主要工作是编辑唐圭璋先生编纂的《全宋词》。唐先生此书，抗战初期由商务印书馆印行初版。按，一种总集或大型类书（百科全书），以及大型字辞典的编纂和出版，都可算是国家综合国力的标志之一个小方面，也说明国家整体的文化水平和对文化重视的程度。

唐先生在抗日战争将要兴起之时编纂此书，商务印书馆在上海总馆和印刷所被占之时在后方出版此书，显然都带有此种悲壮的心态。可是，限于当时的主客观条件，不够完备是必然的。

　　解放后百废俱兴，国家重视起这类事情来。唐先生此书的补订也就提上日程。可是限于南京当时和唐先生本人的种种条件，稿件拿到北京中华书局来看，还是不够理想。于是，最后的修订任务就主要落在王先生肩上了。笔者可以毫不夸大地说，《全宋词》的中华书局新版本，如果没有王先生的补充加工，是达不到现在的水平的。

　　可是王先生的功劳没有受到相应的表彰。据笔者侧面了解，这是由于错综复杂的时代原因所造成。王先生在解放前就业于邮政局，是为了吃饭养家，未能展其所长，只可在业余时间抓紧搞学问，著作也没有出版的可能。邮政局是通讯要害部门，各种政治力量都渗入，更受掌权的党派支配。

　　王先生是个书呆子，不懂政治，可是解放前不免糊里糊涂地卷入。解放初列入退职行列，自属必然。转介到中华书局来，是给出路，倒也能发挥其所长。可是王先生太书呆子了，听说他有一次竟然问中华书局的领导，自己是不是"右派"？意思是说，是否因"右派"问题而被邮政局解职。答复是：你没有参加过"反右"前后的活动，不是"右派"。

　　王先生晚上在办公室内学习与研究，自备桌灯一盏。我见了，认为室内原有的灯已经够亮了，王先生却说："工欲善其事，必先利其器。"他在这里完成了后来蜚声于学术界的名作《李清照集校注》，1964年已由人民文学出版社打好纸型，由于种种情况——总的说自然是两种力量往复折冲与权衡的结果——在拨乱反正后的1979年才能出版。此书一出名世，备受赞扬，特别是得到了钱默存（钟书）先生的极高评价。而王先生在"文化大革命"初解除合同还家，1969年很凄惨地下世。他本人没有能见到此书出版。他一生中，真正全身心投入干业务，展其所长，也就是在中华书局这六七年。据人民文学出版社中国古代文学编辑室原主任弥松颐先生见告，此书的增补本，其中包括钱默存先生披阅后所做的若干补注的，将于1997年年初出版。此书原版署名"王学初"，也是无可奈何之事啊。

　　石继昌先生实际上只比我大四五岁，但程毅中学长和我都是解放后的大学毕业生，新参加工作的；石先生也是"合同工"，而我是青年编辑的同学或朋友；这些情况，在当时，无形中就在我与石先生中间划了一道鸿沟。我说这些，绝无自我的优越感，而是反映当时的客观现实。再加上石先生恋家，不住办公室，我那时也在教育局坐班，一般晚上才到中华书局来，因此，我与石先生见面的机会甚少。只是听程大学长等人说，石先生学问和人品都极好，特别在清代史料方面见长，也是达到如数家珍的程度的。

　　石先生熬过了文化大革命。大约在1974年前后，"长沙不久留才子"，文化部湖北咸宁"五七干校"诸公北返，原中华书局的一部分老同志转到当时业务比较活跃的文物出版社来，其中有原办公室的负责人王代文、俞筱尧，文学编辑室的沈玉成，经他们的推荐，石先生又到文物出版社当"合同工"来啦。我也是他们找来帮忙的，可是仍属于义务劳动性质，不拿钱，不坐班。可是这时我已经教书了，时间自由支配，白天常来，就和依旧坐班的石先生经常碰面了。1976年拨乱反正之后，大家一律平等，能谈的多起来了。

在文物出版社工作，对石先生来说，只不过是又捧上比较稳定的饭碗罢了。远不如在中华书局能施展所长。据我侧面观察，他的办法是，上班努力工作，争取早日转正；下班后则干自己爱干的业务。他晚年的许多成绩，都是这样地在业余时间内赶出来的。

我想，石先生还是惦记着中华书局，可是他回不去了。文物出版社的领导王代文和杨瑾等位待他不薄，费了很大力气为他转正。可是他正式参加工作太晚，当时被认为正规的著作与论文又不多，评职称时也就只可定为副编审了。接着就是一刀切办退休。这些都不免让他心里窝气，但也是没办法的事了。

1982年，中华书局出版了他点校的《乡言解颐》《吴下谚联》合订本。这两本书都很有价值，石先生的点校自是得心应手，中华书局那时的出版质量也不错，套一句古人的话，堪称"三美具"的精品。后来，署名是他点校，而因年老力衰，由于炳文和李力同志等干头一遍活的，如《客窗闲话》等书，一则书本身的价值不如前面那两部，二则出版社的工作水平差，光错别字率就在十万分之五以上，实不足称为石先生的代表作也。

这次北京出版社出版的、北京市政协文史资料委员会所编的《春明旧事》，据我看，编者和出版者都算是超水平发挥。无论从印刷、从装帧、从校对哪一方面看，都属上乘。内容是石先生拿手的杰作，更没的说。读来赏心悦目，的确是必传之作矣。

"虚负凌云万丈才，一生襟抱未曾开！"王、石两位先生算不算凌云万丈之才，我们可以不论，但他们两位都是某一方面的专家，这是不争的事实。两位一生的襟抱展开不大，恐怕也得算定论啦。

有幸的是，他们总算留下一点精品。"千古文章未尽才"这句话，经常被用来悼念文化人。我看，王，石两位先生，各有一本书，足以历千古而不磨矣！

至于"未尽才"，辩证地看，谁的才能似乎在有限的一生中都没能用尽，不过有用多用少之别罢了。希望在我们的社会中，能给人才以尽可能发挥所长的机会。毋使后人再作如此哀悼也。

（原载于《书与人》1997年第5期）

启元白（功）先生是圣人

启元白（功）先生逝世，引发巨大哀痛、震动与反响。先生逝世之翌日，北京师范大学即为先生设灵堂，多日间参拜者不绝于途，有欲罢不能之势。告别式上，八宝山公墓内外几于水泄不通。百日祭时，师大礼堂满员。不论与先生相识与否，知者无不缅怀先生。一方面，北京师范大学师生尊师重道的精神，确实令人感动，校风如此正派与富于感情，不说惊天地动鬼神，也足够警顽立懦，足以让全社会特别是别的学校的领导与师生学习老半天的。另一方面，启先生如此令人怀念，也自有其独特的远超凡俗之处在。

窃以为，启先生是圣人。

所说的"圣人"，大体上是以中国古代圣人作标准的。略加引申：

圣人应是中国传统道德的化身型的实践者。启先生在这方面近乎完美，众口一词。仅就夫妇一伦而言，伉俪情深，生死不渝，这一点在近现代名人中有几人能够做到？

圣人应是继承发扬中华学术的全面而又达到顶峰的伟大学术家。这一点，也是众口一词。先圣孔子为师，"学者宗之"，"中国言'六艺'者折中于夫子"。窃以为，讲中国传统学术，启先生依稀似之。孔子虽说"多能鄙事"，没有擅于创作诗书画的记载。启先生的诗书画水平是超一流大师级；启先生的佛学研究虽少见著作传世，可是中国佛教协会和北京市佛教协会奉先生为学术顾问委员会主席，足见水平之高。启先生较之老圣人，造诣更为超逸而又全面。

圣人必有特出的独立冠时的说教与著作。窃以为，自欧风东渐，中国之研究语言规律者，多取彼邦文法以比附。启先生的中国语言规律研究，却是纯粹国产。至于诗书画等的研究与实践，更是一空依傍。这些方面，极为难能可贵。

圣人必有众多弟子。启先生"声闻"与"私淑"弟子之多，不止北面三千。晚学以为，火尽薪传，行将现燎原之势。"诸生以时习启先生之学"的现象，必将立即出现。

圣人是念旧的。孔子对逝去的弟子的怀念即是先例。晚学的我，见到启先生收我的同学沈玉成之女刘宁为博士后，又在她出站后促成留校任教，脑子里常常泛起唐人的诗句"谁是蔡邕琴酒客"那几句。自知拟不于伦，可就是挥之不去。

启先生辞世后,作为晚辈与晚学的我,曾勉力作成挽联一副:

为儒林领袖,擅四海声名,
公不少留,秘阁积余诗书画;
了佛典因缘,总百年文献,
将安仰,应身乘愿归去来!

此联极为拙涩。启先生莲池东望,对这份不像样的作业,定将评为不够格。可是晚学悲痛逾恒,就连写这篇追思,也再想不起更多的来了。唯愿先生乘愿再来!

2005年10月13日,星期四。紫霄园

人海栖迟

追忆王绍曾先生

　　古农先生是我所钦佩的读书界的一位人物。他在这方面的著作早已蜚声斯界。近来，他又独力编纂《书脉》杂志，可以看出他把读书已经当作一种"乐之者"的事业来办。我就对他更加佩服了。他掷下的书籍和《书脉》，我都饶有兴味地阅读着。只是越读越紧张，因为实在写不出什么来回报。这回奉到2007年第6期，读到55页，见有姚桐椿先生的文章《想起王绍曾先生一件事》，如得救命稻草一般。我和王老相当熟悉，何不写一段追忆呢。于是写起来。

　　王老是我国老一代著名的古文献学家，目录学家。这都不用我再说了。谨述王老与我的一些往来，以抒予怀。

　　我虽与王老基本上算是同行，但过去从未谒见过。1986年3月7日，《人民政协报》第四版发了我评介我的老友汪家熔先生《大变动时代的建设者》一书的一段小文。那本书是张菊生(元济)先生的传记。其中提到:"为张先生作传,较早有1984年商务印书馆出版的我极为敬仰的学术界老前辈王绍曾先生所写的《近代出版家张元济》一书。王先生曾追随张先生多年,这部书以少而精见功力。""汪君自著此书,则又别出机抒,与王先生大作二水分流,堪称双美"。没想到,几天后,从系里收到王老赐函,说学术界前辈郑鹤声先生告诉王老说,报上提到王老了,于是,赐函致谢,云云。这就是王老与我往来之始。当时,我就深深地感到,王老真是一位谦虚有礼节的具有老一代行事风格的老学者。于是,立即回信致景仰之意。从此,鱼雁常通,极获教益。

1994年初至1997年底,《四库全书存目丛书》编纂委员会在北京大学设立工作机构,王老偕弟子杜泽逊先生为此长期驻京,办事处在畅春园外,距离当时我住的承泽园不过数百米之遥。蒙王老不弃,常与杜先生到舍下小坐,时赐教言。我也时常往他们的办事处去,见那里每日都在紧张而又有条不紊地工作着。实际上的领导者或说指导者是王老,还有我的老友张忱石同志,以及杜泽逊同志。这四年左右,是我亲炙于王老最多的时期。我深感王老学术精湛而又虚怀若谷,作学问一步一个脚印,乃是学术与人格合一的难得的一位老一代学者。

我虽有对王老执弟子礼之意;王老始终谦悒,待我以平等。特别在1997年王老返回济南后，每次我致函问候，他都极快地答复。他的尺牍功夫大约在青少年时期已经练成，规矩异常，文不加点，而且用一笔堪称清丽的钢笔字一气写成。使我由惊奇而转为大大的佩服了。这也见出王老各方面功底的深厚。此种信函，现在尚存有十多封。至于内容，早期则是王老为了提携我，派我写一本小册子，我因实在写不出来，推荐荣新江同志应命；后期则是王老对我呈献的几本拙作的奖掖之辞。现在挑出一篇来献给《书脉》，以其需要制版，连同此稿本文一起颇为浪费篇幅，登与不登，权不在我矣！

2006年12月4日，我赴山东大学公干。于约定之7日上午，在杜泽逊同志引导下，与山荆李鼎霞前往王府，谒见王老。数年不见，王老精神大不如昔。夫人亦颇显老态。偶见壁上悬有二老结婚时照片，堪称一对璧人，现在像是照片上的缩影了，颇有不祥之感。

返京后，自杜泽逊先生处传来的消息越来越不好。2007年4月14日下午14时许，杜先生急电告知，王老已于13日逝世。距生于1910年，享年97岁，可谓高寿。更可指出，王老与杜泽逊先生师生关系十分融洽。杜先生如今已成我国当代第一流文献学名家，王老培养之力莫大焉，亦当含笑于九泉矣。

我写成挽联稿一副，次日清晨电告杜先生，据云已赶在

下午的追悼会上书写悬挂。我也就只能作点这种事情来纪念王老了:

  主纂中经,领录争传大手笔;
  长司秘府,燃藜痛失鲁灵光。

朱季黄（家溍）先生与《文史知识》

2003年9月29日上午8时40分，朱季黄（家溍）先生在305医院逝世。

> 金台老宿，早擅三绝逸才，余事和声鸣盛世；
> 紫禁清班，胪陈十朝通典，退食加意写宫城。

这是我献给朱季黄（家溍）先生的挽联。朱老生于1914年7月，不管按中国式或西式算法，都可说过了九十大寿了。他原籍浙江萧山，但我判断，他是在晚年才衣锦荣归的。他应该是土生土长的老北京。他又是中央文史研究馆馆员，"金台老宿"当之无愧。三绝诗书画，他擅长的可不止这三项。如摄影，特别是静物摄影，他是很在行的，《故宫退食录》中有样片可证。他也很会制联，似乎掌握几种便于"对客挥毫"时应用的套路，临时一变化，就能当场抓彩出联。他是京剧大师杨小楼的嫡传弟子，一直玩票唱到21世纪初。这是上联的基本内涵。他的本职工作是故宫博物院终身制研究员，"紫禁清班"亦当之无愧。他是明清史特别是清代宫廷史制度史大专家，著有《故宫退食录》等著作。这就是下联的主要内涵。

朱老与《文史知识》编辑部和我的往来，均始于1982年底组织的"第一届全国迎春征联活动"。此活动由中央电视台、《文史知识》编辑部、北京团市委、北京市劳动人民文化宫四单位联合举办。评联的业务主要由《文史知识》编辑部承担，核心组织者是杨牧之。业务顾问有王了一（力）、周燕孙（祖谟）等老一代先生，不参加具体工作，遥控而已。当时主评的有刘叶秋、吴小如和朱老等位先生，以及程毅中学长。我是跟着学习并打杂的。朱老是由中华书局俞明岳先生专门请来的，以前没有见过。当时朱老不到七十岁，神采奕奕，毫无老态。一次晚饭后余兴，大伙起哄，叫黄克学长唱京剧，说他家学渊源。其实黄克没怎么学过，唱不来。这时，吴先生解围，说请朱老唱。朱老也不推辞，站起来唱了一段，字正腔圆，使我既佩服又惊讶。后来抽空请教吴小如先生，才知道朱老的家世（现在学术界尽人皆知，不赘述），以及朱老是杨小楼大师嫡系亲传弟子所传，帮助梅兰芳大师撰写回忆录等情况。在相处中更逐渐体会出，朱老才艺精能，腹笥渊博；事理通达，心气和平。大家都一步一步地增加了对朱老的了解和敬重。

以中央电视台为依托的这种征联评奖活动，连办四年四届。从第三届开始，新成立的中国楹联学会介入。此会当时的组成情况，可以从1991年中国友谊出版公司出版的《中国对联大辞典》内相关词条中略见端倪，亦不赘述。除了吴先生被聘为顾问外，我们都不是该会的会员。后来，在北京举办的这类评奖中，就往往由该会主要负责人操办。他们倒是有时候请五个人参加，就是刘叶秋、吴小如和朱老三位老先生，以及程毅中学长与我。1988年刘老逝世后，还有四人。不管是否由学会主办，只要是在北京办的楹联评奖，一来传唤，我们四人总是摽在一起参与此事，因而就被戏称为"四人帮"了。到了1992年，这一"帮派"似乎已被中国楹联学会默认，他们就统一给四个人又下了一次正式的"顾问聘书"。从此，"四人帮"就以该会顾问面目出现在评联会场之中了。不过，该会的会务，"四人帮"从未参与，超然事外，不明白其中就里。我个人倒是很佩服能办会的诸公。他们真有组织能力，能把社会上一盘散沙的爱好者团聚起来。我仿"酵母"之例，称之为"会母"。听说社会上把办各种学会的专门家（比"专家"多一个"门"字）称为"会虫"。

"四人帮"评联时，朱老常以老票友之超然姿态出现，吴先生与他，有如汉光武与严子陵，所谓"朕与先生是故人"者是也。程毅中学长一贯认真并独立思考。我则一唯吴老师马首是瞻焉。相处十分愉快，合作严丝合缝。到了1999年，吴老师"倦勤"，学会负责人也不再上门，此帮无形中散摊子。再找谒见朱老的机会，唯有自台下瞻仰红氍毹之上矣。

朱老唱戏，从跟杨小楼大师学唱武生和老生起，一直唱到21世纪，我想长达70年以上。我从认识朱老起，不断白听蹭戏，也将近20年，不说每场必到，隔三岔五地也差不离儿。朱老嗓音好，身子骨儿好，因而到老不落架子，上场一看，吴老师就说，杨大师风范犹存。我多次看戏，场子里梨园行的老人儿几乎占三分之一以上。我几次看见梅葆玖带着一批人坐前排，仔细观摩。固然朱老跟梅家是老关系，但是，那些位态度诚恳，绝不是单纯来捧场的，肯定是来学习的。一位票友令内行倾倒至此，朱老之功力可想。

朱老家中安电话较晚，早期常与我通信，1995年有电话后就通电话。除了我逢年按节问候外，从我这方面，就是汇报评联之类的时间、地点、内容等问题。从朱老方面呢，大致不外两件事。一是告诉我演出地点时间与戏码，二是为他识拔的弟子朱赛虹女史在我系读硕士生的事。他对于后学是极为关照的，曾工笔小楷为朱女史的著作写序言，此序影印于全书之前。而今,朱赛虹女史学业有成,早已是故宫博物院图书馆现在唯一的研究员和常务副馆长了。朱老可谓青眼识人也。

朱老与《文史知识》的另一段因缘,就是为电影《火烧圆明园》《垂帘听政》等问题答问。朱老是这两部电影的"顾问",可是,编导人员在若干问题上没有听朱老的。朱老是极有涵养的人,可是也经不住许多人见面就请教其中的事该不该那样演法。我就向杨牧之同志建议,不如让《文史知识》出一两篇文章,以答客问形式解惑,免得朱老逐一当面回答熟人。朱老一听,也极为赞成。于是派青年编辑胡友鸣同志办这件事。现在,友鸣同志也已步入中年,《文史知识》编辑部的老人儿,也就只剩下他了。"旧人唯有何戡在",有关此事的前前后后,友鸣比我清楚得多,还是让他来向读者汇报。"更与殷勤唱《渭城》",耆旧凋零,老成徂谢,让我们共同来为朱老送行吧。

劫馀有成慰平生
——纪念姜纬堂同志

姜纬堂同志，我对他的口头称呼是"姜老哥"，这是个既尊敬又亲切的称呼。若论其实，我比他还痴长六七岁呢。我们俩是在造访北京燕山出版社时不期而遇，经我的大学同班陈文良（时任该社社长兼总编辑）介绍相识的。至今十余年矣。可是见面也就十来次。电话倒是常通，往往是，我遇见办不了的事，就打电话让他"顶缺"。他从来一诺无辞。因此，我对他印象特别好，认为他是我在学术方面的一个靠山。我让他替我顶的缺，总是与北京史有关。例如，北大拍摄"中华文化讲座"和"中华文明之光"专题电视片，以及北大各学生社团开办讲座，其中与北京历史文化相关的题目，如北京的胡同等，我总是向领导或社团组织者推荐，请姜老哥出马。他是请之即来，来之能讲，讲则必得满堂好。在我看来，他已经算半个北大人了。

我在这样的逐步接触中，逐渐了解了姜老哥所从事的学术研究领域成就的一部分——北京史。根据我粗浅的了解，我认为，他不愧为当代北京史的一流专家。他的主要成就也都在这一方面。

先看成果。由他主编或与别人合作完成的专著有《北京妇女报刊考》《维新志士·爱国报人彭翼仲》《北京历史文化便览》《谈史说戏》《北京的宗教》《北京传统文化便览》《北京城市生活史》等。其中大多获得北京市或北京市社会科学院等优秀成果奖。他在《光明日报》《北京日报》《北京晚报》等报刊上发表过的文章达百余篇，后来将一部分汇集为《逝日留痕》一书，由中共中央党校出版社列为《京华学者随笔》之一种出版。此书一出名世，极受好评。此外，他还为北京出版社的《现代学人小品文丛》选编了《遐庵小品》（叶恭绰先生的小品文选集）、《瓜蒂庵小品》（姜老哥的恩师谢刚主先生的选集），据在下阅读，其中与北京有关的材料特别多。

再根据在下对姜老哥的学术研究的总的粗浅认识，略抒浅见。

一点是，他不愧为新中国成立后党和人民培养出来的第一流北京史专家。他的研究成果，对传播北京史知识，特别对改革开放以来的北京古迹保护，在某些方面是起到了相当作用的。近年以来，他的名气逐渐响亮起来，说出的话、写出的文章也就相应地受到领导和学术界的重视。他又特别热心于北京社会上的种种学术与文化活动，例如担任北京市妇联的妇女联谊会顾问、北京市园林局顾问等，都不是挂名，而是在学术指导等方面极为努力，做出相当大的贡献的。他对于王府井名称由来的考证，产生了很大的影响，就是一个很好的例子。他既是研究北京市史地的一流专家，又是普及北京史的一流社科科普专家。

另一点是，他在有意识地主动地填补北京史研究空缺方面，做出了极大贡献。例如，关于北京妇女生活，特别是北京这座古老文化城中妇女的文化活动，过去在各个方面从来也没有总结过。他主编的《北京妇女报刊考》，搜集全面、完整，评价允当、公正，是开山之作，是此后研究的起点站和里程碑。这只是一个突出的例证。他在北京妇女史研究领域方面的开拓是十分宽广的。

再一点是，据我常年远距离不断观察，姜老哥取得这样优秀的成绩，绝非偶然。首先，他是一位极聪明又极肯钻研的人。他本来是学历史的，由于历史上人所共知的错位，被送去修理地球。在逆境中他仍然做有心人，努力自学果树和林业技术，后来在天津市成为很有名气的农艺师（实际水平比中级职称要高许多），以至在还顶着问题帽子时，外地人就时常拿着飞机票，来请他去解决当地果木和林业的实际问题了。他回到历史研究工作岗位以后做出的成果，更证明"聪明（姑且不说'天才'）加勤奋"的正确。其次，在下以为，"知之者不如好之者，好之者不如乐之者"（《论语·雍也》），的确是做学问和钻研任何技能、技术出优异成果的极重要条件。姜老哥之所以能在极短的20年时间内做出上述的巨大成绩，恐怕与他热爱自己的专业有极大关系。他留下的最后一首诗中，有"劫馀有成慰平生"一句，正是以上两点的综合的诗化了的自我写照。试作推论：如果他一直从事他热爱的北京史研究事业，其造就当不止此。然而，说这些有什么用！现在也就只能套用一句"千古文章未尽才"来为他盖棺了。

这几天我进城串胡同时，眼前有时突兀地显现出姜老哥的音容笑貌。呜呼！见胡同而思忆姜纬堂老兄，笑谈京华掌故，剖析日下旧闻，一语破的，四座轩渠，何处更觅斯人！

2000年3月23日，承泽园

《中外交通史籍丛刊》及其主编谢方

一

《中外交通史籍丛刊》和《中外关系史名著译丛》，都是中华书局连续出版的，在海内外均负盛名。

因为笔者从60年代初便与中华书局有些来往，偶然又向中外关系研究领域做出一些窥探动作，就常有好事者间接向我打听：这两套大书是哪些位先生编辑的？究竟出过多少种？诸如此类的探问不少。笔者心里明白：这两套大书，其实都是我的挚友谢方三十几年来一个人唱的独角戏，就想替他说说。可是谢兄老按着我，不让动弹。谢兄已于1994年年初退休，我看他的接班人一时半会儿也上不来，这两套书行将画上句号。他也管不住我啦。于是我按捺不住，开写此篇。谢兄一看不行，赶紧电话通知：要写得朴素老实，一是一，二是二，别玩儿花活。好吧，咱就按他的指示办。

老老实实先开书单子，解答这两套丛刊各出过多少种的问题。这是很有必要的，因为前一套丛书从1961年开始出版头一种算起，就算到1996年结束吧，前后约计35年。后一套哩哩啦啦算起来，也算到1996年吧，那也有15年了。

趁此过录一遍，省去同好翻检之劳，您说好吗？

且先把《史籍丛刊》中已出版的22种书列出目录：

《西洋番国志》明·巩珍著，向达校注，1961年8月出版；

《两种海道针经》（《顺风相送》《指南正法》），向达整理校注，1961年9月出版；

《郑和航海图》，向达整理，1962年6月出版；

《唐大和上东征传》，日本·真人元开著，汪向荣校注，1979年8月出版；

《东西洋考》明·张燮著，谢方点校，1981年1月出版；

《真腊风土记校注》，元·周达观著，夏鼐校注，1981年3月出版；

《岛夷志略校释》，元·汪大渊著，苏继庼校释，1981

年5月出版；

《西游录·异域志》，元·耶律楚材著／元·周致中著，向达、陆峻岭校注，1981年10月出版；

《西洋朝贡典录》，明·黄省曾著，谢方校注，1982年9月出版；

《释迦方志》，唐·道宣著，范祥雍点校，1983年1月出版；

《大慈恩寺三藏法师传》，唐·慧立、彦悰著，孙毓棠、谢方点校，1983年3月出版；

《咸宾录》，明·罗曰褧著，余思黎点校，1983年3月出版；

《日本考》，明·李言恭、郝杰编撰，汪向荣、严大中校注，1983年5月出版；

《大唐西域记校注》，唐·玄奘、辩机原著，季羡林等校注，1985年2月出版；

《海外纪事》，清·释大汕撰，余思黎点校，1987年8月出版；

《大唐西域求法高僧传校注》，唐·义净原著，王邦维校注，1988年9月出版；

《清朝柔远记》，清·王之春撰，赵春晨点校，1989年6月出版；

《西域行程记·西域番国志》，明·陈诚著，周达宽校注，1991年7月出版；

《殊域周咨录》，明·严从简著，余思黎点校，1993年2月出版；

《往五天竺国传笺释》，唐[原籍新罗]慧超原著，张毅笺释，1994年11月出版；

《南海寄归内法传校注》，唐·义净原著，王邦维校注，1995年4月出版；

《安南志略》，越南·黎崱著，武尚清点校，1995年8月出版。

再列出《中外关系史名著译丛》的目录：

《海屯行纪·鄂多立克东游记·沙哈鲁遣使中国记》，何高济译，1981年10月出版；

《东印度航海记》，荷兰·邦特库著，姚楠译，1982年4月出版；

《利玛窦中国札记》（全二册），利玛窦、金尼阁著，何高济、王遵仲、李申译，何兆武校，1983年3月出版；

《中国印度见闻录》，穆根来、汶江、黄倬汉译，1983年8月出版；

《一五五〇年前的中国基督教史》，英国·阿·克·穆尔著，郝镇华译，蒋本良校，1984年11月出版；

《柏朗嘉宾蒙古行纪·鲁布鲁克东行纪》，耿昇、何高济译，1985年1月出版；

《希腊拉丁作家远东古文献辑录》，法国·戈岱司编，耿昇译，1987年6月出版；

《十六世纪中国南部行纪》，英国·博克舍编注，何高济译，1988年7月出版；

《阿拉伯波斯突厥人东方文献辑注》（全二册），法国·费琅编，耿昇、穆根来译，1989年2月出版；

《中国漫记》，罗马尼亚·米列斯库著，蒋本良、柳凤运译，1990年8月出版；

《道里邦国志》，阿拉伯·胡尔达兹比赫著，宋岘译，1991年12月出版；

《蒙古与教廷》，法国·伯希和著，冯承钧译，1994年3月出版；

《在华耶稣会士列传及书目补编》（全二册），法国·荣振华著，耿昇译，1995年1月出版；

《欧洲与中国》，英国·赫德逊著，张毅、王遵仲、李申译，1995年4月出版。

以上共14种。近期将要出版的还有两种：

《在华耶稣会士列传及书目》，法国·费赖之著，冯承钧译；

《在华耶稣会士列传及书目补遗》，法国·荣振华著，耿昇译。

按，此二书各两册，均已于1995年底出版。

附带说明:"余思黎"是谢方笔名;耿昇的"昇"不简化为"升",名从主人也。

二

穷本溯源,《中外交通史籍丛刊》之出世,与向觉明(达)先生有密切关系。向先生解放前访书英伦,探窟大漠,虽然不免穷愁羁旅,生活却也波澜壮阔。中外交通史和敦煌学是向先生的两个学术主攻方向,解放前都是路静人稀。就连向先生自己,1926—1954年所得,解放后总结发表于《唐代长安与西域文明》一书中者,相关的论文也仅十多篇而已。当年制定"十二年规划"之时,向先生满怀热情地提出许多开展这方面的学术研究的建议,也承有关部门采纳。可是,1957年,前述那部总结向先生前半生的书出版不久,他就遭到重大打击,从此退隐书斋,塞翁失马,把主要的精力投入《中外交通史籍丛刊》的策划,并身体力行,整理出这套丛刊的前三种书来。

因此,要提到《中外交通史籍丛刊》,就必须明确指出向先生创始之功。至今,《中外交通史籍丛刊》已是成了气候的有很大影响的一套大书;活跃在丝绸之路山洞中的各路诸侯,也多为向门再传三传弟子。故向先生可以含笑瞑目矣!

谢方老兄于1957年7月在广州中山大学历史系毕业,9月抵京,入中华书局历史编辑室工作,直到1994年1月退休,一直坚守在这个岗位上。80年代至90年代初,还曾经担任过古代史编辑室主任。他在中华近40年,主要的编辑任务就是这两套大丛刊,直到回上海彻底退休前还在做扫尾工作,可说是与这两套书共始终。60年代发轫之始,学术界密云不雨,能把向先生的三本书在极为不利的局面下抢出来,谢兄为了《中外交通史籍丛刊》,按照唐朝的功赏格,应该说是立过跳荡之功的。当然,大气候谁也改变不了,于是,三本书之后,归于沉寂。直到大地回春,长沙不久留才子,这才朝花夕拾,重操旧业。这时的谢兄已经成熟,有了自己的一定之规。他首先迅速地组织并出版了一些老专家的书稿,1979—1983年之间连续出书十种,包括他自己的三本半。同时,他大约是受到了这一时期中华书局多次组织大兵团作战(如整理点校《二十四史》《资治通鉴》)的启发,开始组织起一部世界名著《大唐西域记》的校注工作来。

组织对玄奘所著《大唐西域记》这部世界名著进行校注,是《中外交通史籍丛刊》中一项最大的举措。具体情况,在该书的《说明》中已经讲得非常清楚,请有兴趣的读者自行参看。此书的校注者是以季希逋(羡林)老师为首的十几位学者。笔者从远距离用望远镜头窥测过其中动人情节。感受是,首先,那可是群星荟萃的集体,内中的人个个身怀绝技，学有专长。工作中则各展所长，形成优势互补之势。其次，刚从惊涛骇浪中锻炼出来的解放初受过党的教育的那一两代知识分子，当时还保有不计名利为事业献身的高尚情操。一声令下，招之即来，来之能战！

犹记1979年，时在中年家徒四壁的张毅老哥接到调令，马上抛妻别子，由四川坐着硬座来到北京。翌日，他拿着谢方兄的私人介绍信来见笔者，我问到有什么可以为他效劳之处，他羞涩地说，只要借一只脸盆！于是乎赶紧送上。这盆，几年后他撤离时还给了我。真乃古道可风！此后再见，他是口不离天竺，言必称西域，舌尖还不断吐出几个梵文对音来。拙荆大为疑讶，认为已达神经病程度。此书编纂过程中，达到"人书合一"的例子还有不少，不赘述。当时只道是寻常！现在想来，当代学术界这种全身心投入的事和人是太少了。

为老一代学者抢救出一批著述，是《中外交通史籍丛刊》的一大功劳。光是向觉明先生的书，就留存三本半。夏鼐、范祥雍、苏继顾等先生的书，张毅老兄的遗作，也都赖此以传。更应指出，这套丛刊培养了我国一代又一代的脱颖而出的新的学者。典型的例子，可举出笔者的忘年交、北京大学东方学系王邦维教授的事迹。丛刊中收了他的两部半书。玄奘所著《大唐西域记》的校注是由他和谢方兄最后清扫收尾的。

《大唐西域求法高僧传校注》是王兄的硕士论文,新近出版的《南海寄归内法传校注》则是他的博士论文。肯于连续出版这些高精尖的学术著作,恐怕只有此丛刊了!笔者目睹了1979—1995年这16年间王兄的成长。他在季希逋老师的精心培育下,在丛刊的提携下,由一名重庆粮店的小会计,一步步艰苦奋斗,逐渐蜚声学界,周游列国,成为国际知名的东方学学者。如果没有丛刊为之公布著述,因而产生本当归属于他的社会效应,哪能加快那"西施宁久微"的过程呢!

三

编辑出版《中外关系史名著译丛》,已经是80年代到现在的事。谢兄在编辑工作中早已成为行家里手,干起内容相近的活计来,游刃有余,驾轻就熟。同样地,这套丛刊也培养了几位现已中年而当时尚不为人所知的学者。

笔者挚友、学界奇人耿昇老哥就是其中的一位。这套丛刊中有他翻译的四种(两种系与人合译)。此外,《法国西域敦煌学名著译丛》已出三种,都是耿兄所译。这套丛刊是柴剑虹兄为中华书局组织的,头一种书的责任编辑也是谢兄,其他两种由柴兄经手。这些书哪一本都是让单纯追求利润的近视眼出版者摇头的。耿兄又是一位不通人情世故闭门造书的书呆子。要是碰不见中华书局这几位知音，他就尽"擎"着喝西北风去吧。

《中外关系史名著译丛》书目具在。其价值，外行看不出，读不懂；内行赞不绝口。无须在此赘述。

四

笔者以为，从50年代到现在，中华书局的老中青几代编辑人员中，谢方老哥的业务轨迹最为清晰。在职40年，干的就是中外交通和文化交流史范围内的事，心无旁骛。除了匹马单枪主编的《中外交通史籍丛刊》《中外关系史名著译丛》两套大丛刊，以及参与编辑的《法国西域敦煌学名著译丛》以外，据我所知，他担任责任编辑的书还有：

张星烺先生的《中西交通史料汇编》修订本，共六册；

向觉明先生的《蛮书校注》；

岑仲勉先生的《突厥集史》《中外史地考证》；

沈福伟的《中国与非洲》以及《中国古籍中的亚洲各国史料汇编》（已出日本、菲律宾、柬埔寨三种）。

以上诸书均获好评。

1984—1995年，谢兄主编了学术丛刊《中外关系史论丛》，共出五辑。前三辑由世界知识出版社出版，第四辑由天津古籍出版社出版，第五辑由书目文献出版社出版。由于他被选为中外关系史学会副会长，编辑这套不定期刊物的任务自然就责无旁贷了。

谢兄自著书多种。《中外交通史籍丛刊》中有独力完成者五种，其中三种署笔名"余思黎"。参与著述者两种，包括《大唐西域记校注》。在此重点补充一句话：《大唐西域记校注》获得1994年度国家图书奖。

此外，谢兄还与陈佳荣、陆峻岭合作，编成《古代南海地名汇释》一书，中华书局1986年5月出版，是研究古代中外交通史的必备工具书。他与季希逋老师等六人合作，译成《大唐西域记今译》，由陕西人民出版社1985年4月出版。谢兄的学术论文，也都是有关14—18世纪中外关系史的，已发表十多篇。

谢兄虽已退休，仍应聘为国家古籍整理出版规划小组特聘研究员。还曾担任过一届北京市政协委员，社会活动自然不少。但他主编的那些丛刊的扫尾工作尚未了结，估计得到1996—1997年才能完成。前后正好40年。

据我看，他最大的缺憾在于没有接班人。这里面有出版社体制造成的问题，有后生晚辈的思想和实际问题，不能怪他。总之，甘心寂寞愿意献身学术的青年人太少。我知道他曾经想培养一个，先教那小青年看看稿子。可是大家都是同事，不能像导师对研究生那样要求别人。那位青年人终究还是出国游学去了，从此杳如黄鹤。看来谢兄编的这些，恐怕要随着他的退出编辑舞台而画上句号啦!这是我们决不甘心的,可也是我们没法儿办的了。

(原载于《书品》1995年第3期)

深切怀念刘铭恕先辈

2000年8月16日下午，笔者收到系里转来的郑州大学文博学院发来的电报："沉痛告知：刘铭恕先生于8月12日11时8分因病在郑州逝世。18日上午8时在郑州殡仪馆举行遗体告别仪式。"

顿感脑筋发木，镇定一下，赶紧打长途电话，请治丧委员会办公室代办送花圈等事宜。自觉地位不高，声势不足，用先斩后奏法，以"周绍良、白化文、杨宝玉"的"祖孙三代"名义发出。然后与柴剑虹兄通电话，把好不容易打听来的郑州电话号码告诉他，请他代表中国敦煌吐鲁番学会致电。办完此二事，舒了一口气，陷入追思。

笔者初识刘老，时在1984年10月16—21日，在杭州参加"中国敦煌吐鲁番学会语言文学分会成立并首次学术研讨会"之时。会后，并随同他老人家，和与会代表一起游览宁波、普陀。我久已震于刘老在敦煌学界之声名，谒见后方知是一位"即之也温"的蔼然长者。他老人家了解了笔者正在准备开敦煌学目录的课程，并想招收相关的硕士研究生的时候，对我再三鼓励，并说此后要经常联系。

当时我正在备"敦煌学目录"的课，此课除了目录学的内涵外，还得给初入门者补充一些"书史""印刷史"等方面的专业常识。我的备课方法是笨法子，从阅读采集原始资料作起，主要阅读以下原始资料：

一、各种敦煌遗书目录，重点是《敦煌劫馀录》，《敦煌遗书总目索引》中的《伯希和劫经录》《斯坦因劫经录》这三大目录，摘录其提要中相关材料。

二、其他直接资料，如《敦煌石室写经题记》《敦煌古籍叙录》等，摘录的重点同上。我一面据此中所得慢慢地编写讲稿，一面从中挑选出一部分写成单篇文章，在系里的内部刊物等处刊载，为交流请提意见用。其中主要有三篇：《王重民先生的敦煌遗书研究工作》《敦煌汉文遗书中雕版印刷资料综述》《敦煌汉文遗书中有关图书文献资料札记》，现在看来，都是极为浅显和不完不备的东西，可那时却是费了相当力气才初步写成的。初稿都寄给刘老看了，他回信，很鼓励我，但没有提任何意见。

"后进何人知大老！"现在，知道或者说能够正确评价刘老在敦煌学方面的成就的青年人可能不多。在这里，请允许我啰嗦几句，略作介绍：

刘铭恕先生（1911—2000年），河南淮滨（原属息县）人，是著名的古典文献学家刘盼遂（铭志，以字行，1896—1966年）先生幼弟。1933年毕业于北京中国大学国文系。1934—1936年间曾在日本早稻田大学留学。1936年起，先后在山东省图书馆、金陵大学中国文化研究所、南京大学历史系等处工作。1956年调到北京，在中国科学院图书馆工作，颇受副馆长贺昌群先生器重。约在六十年代初回河南，先后在郑州大学的历史系、文博学院等处任职，八十年代中期由副教授升为教授。

刘老是我国第三代敦煌学者中的出色人物——如果把王国维、陈寅恪等先生算作第一代，向达、王重民等先生算作第二代的话——其突出贡献为独立编纂了《敦煌遗书总目索引》中的《斯坦因劫经录》。这部目录是刘老于1957年在中国科学院图书馆工作的时候，利用刚刚进馆的英国缩微胶卷，以"大跃进"的冲天干劲，在几个月时间内编录完成的。别人在"大跃进"中干出的活计怎样，笔者不敢说，刘老的工作可确实是经得住时间考验的。

王重民先生在《敦煌遗书总目索引》的《后记》中，对此目与英国人翟理斯所编的《敦煌汉文写本文书解题目录》对比后，评价说：

还是刘录比较正确,而且对于我们也是比较适用的……刘录在一些重要卷子的著录下面,使用了三种说明方式,以表达出那些卷子的内容和特征。第一,"题记"……第二,"本文",凡简短的重要资料、契约、文告、诗词都移写出来,供读者参考使用。第三,"说明",凡是需要解释,或需要用其他文献证明才能反映该卷特征的地方,都作了必要的说明。有的还引用了相关的参考资料,或由编者提出了自己的见解,这些都是对读者有用的地方。在这些地方,翟目和刘录最大的区别……刘录则是根据我们的需要(比如说对建立历史科学的需要)来提供资料的。

王先生文中对刘老此录的评价,字数不少,内容颇多,据笔者看,至今都对我们研究敦煌学目录和评价刘老的这份工作有极为正确的指导意义。希望有兴趣的读者自行阅读,限于本文篇幅,这里就不再赘引了。

笔者后来写成《评〈敦煌遗书总目索引〉》一文,发表后又将其中要点收入拙作《敦煌文物目录导论》一书内。其中对刘老业绩的评议也相当长。从各方面作了一些分析之后,总括性的评价大略如下:

"尽管一位专家业务水平十分熟练,责任心又极强。

如果迫以期程，要求他过分地跃进地完成任务，那么，小错误也是难免的。何况看的还是缩微胶卷……因而，必须指出……从客观上说，是不能完全由刘先生负责的。正像王先生在《后记》中说的，刘先生在几个月的时间里，竟然干成了比翟理斯三十多年的工作还要好的活儿，实在令人惊叹……特别应该指出的是，编成《敦煌遗书总目索引》，可说全仗刘先生此录……只有刘先生此录是新编的……而如果没有刘先生此录，三大馆藏缺一，当时这本书就编不出来。可以说，这是刘先生为《敦煌遗书总目索引》所立的最大的汗马功劳。"

拙作论文寄给刘老看过，他并没有表态。可是，1987年他到北大来参加一次文物系统的会议，住在勺园二号楼，我和我爱人李鼎霞去谒见，他对我们异常亲切。当时还与我合影一帧，并与文物出版社社长杨瑾大姐及我们夫妻四人合影一帧。现在看来，这两张照片虽然照得不好，但其资料性极为珍贵。可惜，现在已经找不到底片了。从此我就失去了再次亲炙刘老的机会，而今更是人天永隔矣！

且回头来说，1985年8月3—9日，在乌鲁木齐召开中国敦煌吐鲁番学会第二次国际学术研讨会。我在会后赴敦煌参观，又到北疆考察，9月7日才回到北京。在会议时已经有上海辞书出版社的领导和宁可等位牵头，为编纂一部《敦煌学大词典》作准备。我当时并不知道。

9月20日，我在北京图书馆敦煌资料中心（当时似仅为筹备处）见到学会的工作人员王东明，他说樊锦诗（当时是敦煌研究院副院长，现为院长）到了北京。那时，《光明日报》等报纸正以整版篇幅刊载对她的特写报道《敦煌的女儿》，而我招敦煌学目录的硕士生，报名者稀少，只有一位，就是现在中国社会科学院历史研究所干此项工作的副研究员杨宝玉。

我想鼓舞学生献身大西北的斗志，赶紧跑到樊锦诗下榻的"上园饭店"，请她来北大作报告。她在9月26日晚来作报告，大受欢迎。可事后报考者仍然仅有杨宝玉一位。此事另当别论。我在20日晚上赶到饭店时，才知道一批人在此处开《敦煌学大词典》的首次正式工作会议。刘老也出席了，他是编委，负责"版本"和"四部书"两部分。柴剑虹也是编委，负责"文学""音乐"等部分。柴先生约我写点"文学"词条，我答应了。刘老只说让我多帮忙，我也漫然答应了，心想也就是写几条词条罢了。刘老还特别嘱咐责任编辑杨蓉蓉女史（现为上海辞书出版社词语编辑室主任，编审）给了我好几种词目表，我也漫然地收下了。自觉与这部书关系不大。

不久，我就接到刘老来信，寄来"版本"条目。一看，大喜，觉得刘老真是照顾我。条目，就是现在《敦煌学大词典》上所载的那些，差不了一两条。材料，那都是上述我那几篇文章中有的。于是，为了让杨宝玉练手，再拉李鼎霞帮忙，立即组成三人班子，很快写成初稿——后来出版时改动不大——并向刘老报捷。

刘老回信说，完全相信我们的能力，他不再审稿了，叫我直接寄给杨蓉蓉。我照办。当时我总认为，我们写的只是"版本"词条中的一部分，刘老自己或者他会另外安排别人写此外的词条，那就与我毫无关系了。我们这个"三人小组"只是"版本"和"文学"两类词目的撰稿人而已。

一转眼到了1988年，宁可先生忽然召开几次约十几个人的撰稿会议，说是"四部书"词条也由我来写，并说，"版本""四部书"的条目就是杨蓉蓉颁发的"词目表"中所列的那些。我细看词目表，大惊，原来"版本"条目就是我们编写的那些。刘老写的部分"四部书"词条原稿也拿给我看了。

我的感觉是，敦煌学真是时刻需要原材料和注意新成果的一门学术。刘老在郑州，显现出对这两方面有耳目闭塞的样子。我虽然在业务水平上与刘老有天渊之别，可是在北京，占有优势。于是表示另起炉灶，按词目表全部改写。而且表示，刘老必须仍旧担任编委，否则，主编诸君和我就不好处理与刘老的关系了。宁可先生与我意见完全一致。于是，我们家的三人小组开辟新战线，并较快地完成了任务。这事，我也及时向刘老报告了，刘老只是表示全部委托，别的啥也不提。我在几年的交往中体会到，这似乎是他的一贯作风了，所谓"世尊无言，即是默许"者是也。

这回，我可是把这部分词条压在手中，假装没写。把宁可几位急得不断地催，还坐汽车来舍下一次。我依然推挡。为什么？因为我经过"文革"还没有改造好的私心杂念大大地膨胀。我想："版本""四部书"两类词条现在由我负责编纂，可是我如同大丫鬟掌管锁钥，还没有相当名位呢！我已经再三主张维持刘老编委的地位，可是，身为主要负责人的宁可先生，有丰富的与人斗争和人际关系经验，难道就这么使唤我么！1990年敦煌会议上，我对宁先生就有点懒洋洋的了。我还长期地苦思："版本""四部书"的词目是否能增加一些？后来，一因"编委"老没人提我，我想派我干啥就干啥，不必多想分外之事；二因怕"露才扬己"，伤及刘老，也就多一事不如少一事了。

后来，我向杨蓉蓉女史直接提出保留刘老并增补我为编委的事，拿出猪八戒摔耙子的架势，不知他们怎么商量的，赏了我一张编委证书，满足了我的虚荣心，我才马上把词条全给杨蓉蓉寄去了。但是，对增补条目的想法，也懒得再去想了。这两部分条目是否应当增补，我认为可以补一些，但不多。同时，应当给这两类各写一个总括性词条，宁先生曾对我提过，我当时处于暗中鼓气状态，没理他这个茬儿。于今追忆，自己真是小孩子脾气。

现在写出这些，也算编写这部词典的一点小小的文史资料。我愿借此向刘老作深深的忏悔：他老人家总是默默地提携我，他是一位真正的绩学长者。他后来在词条编写方面虽然没有亲自动手，是客观限制使然。用汉高祖的话说，刘老乃"发踪指示"的人，我不过是"功狗"而已。

（原载于《书品》2000年第6期）

人海栖迟

王邦维教授及其"校注"著作

一

我比王邦维教授痴长整20岁,但是,出于气味相投,蒙他不弃、常和我来往,所以我们俩可称忘年交。

论为人,他是一位极宽厚、和平、忠诚、老实的务实学者。论学问,他学的都是所谓"绝学",我连做他的小学生的资格都不够。论交友,他犹如晏平仲"善与人交",令人"久而敬之"。孔子说"益者三友":"友直,友谅,友多闻",王教授乃是吾之"三益"良友也。

照我看,王教授堪称当今学术界奇才。但因他沉潜于十分专门的学术之中,所以,除了圈内的人全都知道他,人人说到他个个翘大拇指以外，圈外的人认识和了解他的就不多了。有必要向大家介绍一番。

王邦维先生，重庆人也。生于1950年。从小热爱学习，怎奈生不逢时，只可上山下乡。后来让知青回城热潮卷回重庆，当了一名粮店的小会计。他靠自学成才，迅速地给自己打了相当坚实的中国古典文献和外文基础。1978年初，他考入四川大学历史系，才念了一年多，1979年夏季，就以同等学力又考入中国社会科学院研究生院，当上了硕士研究生。由此时开始，从学于当代学术大师季羡林先生。

从此，他就把主要研究方向定在了中国和南亚次大陆的文化关系史、佛教文献与历史这两个方面。也在季先生精心指导下，刻苦攻读，精通多种外文，除了早已掌握的英文外，还谙习梵文、巴利文等古代语文，德文、法文等现代语文，兼通日文。对古代和现代的藏文也相当熟悉。至于专业书籍资料，更是不在话下，如数家珍。

从1981年起，他参加了季先生主编的文献整理重点工程《大唐西域记校注》及其副产品《大唐西域记今译》的全部工作。此二书均于1985年出版。前者由北京中华书局出版，后者则由陕西人民出版社出版。

王先生的硕士毕业论文，内容是对唐代赴南亚次大陆求法的高僧义净（635—713年，是唐代仅次于玄奘的著名旅行家和翻译家）所著的《大唐西域求法高僧传》的研究与校注。这项成果有开创性,后来经进一步修改提高,作成《大唐西域求法高僧传校注》一书,1988年在北京中华书局出版。此书奠定了王先生在学术界的地位。

1982年夏取得硕士学位后,王先生留所工作;旋即于1983年秋开始攻读在职博士研究生学位。导师还是季羡林先生。1987年夏季在北京大学东方语言文学系(现改称"东方学系")毕业。论文内容是对义净所著的另一部书《南海寄归内法传》的研究。这也是一项开创性的工作。后来据以作成《南海寄归内法传校注》一书,1995年仍由北京中华书局出版。这两部书的责任编辑都是原北京中华书局编审(现已退休)、原历史编辑室主任,现为北京市政协委员的谢方先生。

王先生获得博士学位后,即被延聘为北京大学南亚东南亚研究所副教授。他的成就受到国际学术界瞩目,好几所国外著名大学邀请他出国讲学。

从1989年开始、他先在英国剑桥大学访问研究一年。在英期间,被剑桥大学Clare Hall学院评议会选举为学院终身成员;紧接着,又以洪堡研究员身份,在季羡林先生的德国母校哥廷根大学印度学佛教学研究所访问研究一年;1991年底,他刚刚到达美国普林斯顿大学,以客座研究员身份,准备进行一系列研究访问,因北大校方和季先生的召唤,放弃在美预定研究日程,匆匆返国。他的爱国爱校精神颇得师友嘉许。返校不久,1992年他就被破格提升为教授。

除在欧美一些国家作过访问、讲学和参加国际学术会议外,他还几次应邀到印度参加会议并进行访问,在德里大学和尼赫鲁大学以及一些学术机构讲过学。

又不久,王教授被任命为东方学系副系主任,兼南亚文化研究所所长。1994年,又经国家教委审议通过为博士生导师。此后又升为系主任。王教授现任东方学研究院院长,东方文学研究中心主任。

1985年和1987年,王先生曾两次获得陆文星韩素音"中印友谊奖"。1991年,曾被评为"做出突出贡献的中国博士学位获得者",受到国务院学位委员会和国家教委的表彰。

佛教语言、文献的来源、形成和传译的历史,是他现在承担的国家教委人文社会科学研究课题的一部分,其中包括国家社会科学基金资助项目"汉译佛经翻译史研究"。

二

《大唐西域记》是世界名著,《大唐西域记校注》也堪称名注。

此注本由季羡林先生总其成,王邦维先生则做了许多默默的踏实的案头工作。据我所知,他修订大量注释,并对释文中的引文做了工作量极大的核对;他绘制了书中所附的地图;他帮助季先生整理了初稿;等等。可以说,许多琐碎的活计全是他给干了。我常把这部书算成他的半部著作。至于《大唐西域记今译》,据季先生写的《前言》所说,其中第十卷是王先生翻译的。

《大唐西域求法高僧传》是唐代到义净本人为止的赴南亚次大陆求法僧人的传记集。实录61人。其中包括一些外国人。走海路、陆路的都有。这就填补了《大唐西域记》只记西域一线陆路的空白。

《南海寄归内法传》则记录国外见闻,但非一般游记,重点记南亚次大陆历史上形成的佛教各部派情况,寺院组织,寺院内部的经济生活和宗教生活,佛教徒的衣食住行等等。对律部行仪和诸多清规戒律之与中国现行者不同之处,特别注意说明。意在告知中国僧人:这才是真正的佛教。

当然,由于中国人一向按自己的方式消化外来的一切事物,"汉家自有制度""汉化"佛教也是采取中西合璧的方法,洋为中用,所以,义净这种推行"全盘西化"的指导思想自然碰壁。倒是他留下的有关南海和南亚次大陆的活生生的记录,由于那里的人缺乏线性思维,不像中国有那么多记载明确的历史著作,因而,从现代学者的眼光看,对研究那里的历史、地理和宗教极有帮助。

自欧风东渐以来,国外学者出于各种需要,对这两部书进行了研究,出版有多种文字的译本。可是,在我国,研究工作一直缓慢,近于搁置。王教授所作的校注,无论就国内还是国外来说,都是创造性的、开拓性的。限于篇幅,姑以新出的《南海寄归内法传》为例,略作说明。

我曾有幸读到这本书还处于论文雏形时各位学术大师的评语,并作了简单的记录。现在我把它们引据在下面。

论文导师季羡林先生在"评议书"中写道:

> 《南海寄归内法传》是仅次于玄奘《大唐西域记》的印度史重要史料。过去从来没有人认真校注过……王邦维第一次用科学方法写成的校注,将国内所有版本几乎搜罗无遗,成就是空前的……研究部分主要讨论大、小乘与部派佛教之间的关系问题……迄今还没有哪一部佛教史把这些问题说清楚。《寄归传》中有一句话:"大乘、小乘,区分不定。"这是一句非常重要的话……论文中作了言之成理的解释。《寄归传》对当时印度佛教中的许多情况都有详尽的叙述。这都是研究印度佛教史的第一手资料,对于研究印度历史也是极其重要的……论文中作了许多详细的注释和阐述,有的是非常精辟的。对大小二乘之间的关系,也提出了透辟合理的看法。这是一篇资料丰富,卓有创见的、非常精彩的论文。

徐梵澄先生在"评议书"末尾写道：

"研寻邃义，疑滞多捐。分析综合，清通简要。用功可谓沉博，识见已超众士。……稍加拂拭，务极精莹。然后独立出版，或者收入新编大藏，斯可以近示时流，远彰域外，俾知夫我国当今学术研究有已际乎世界水平者。树兹楷式，有裨后来。所冀该士由斯正轨，继续前踪；奋翼天地，更期远到。"

限于篇幅，我只引这么多。我相信，读者读后，对此书的重要性，对王教授的"校注"的精博，已有初步的认识了。

在此，似应指出，王教授的两部"校注"本，都有相当长的《前言》，实在都是非常精彩的论文。这是亦步亦趋，在努力模仿导师季先生《大唐西域记校注》中《前言》雄深雅健的风格与写法。即以《寄归传》而言，其《前言》长达15万字，占全书约五分之二的篇幅。究竟是年轻人，又自有其沉博绝丽风格。论文写到如此有风采的，少见。内容则重点为对佛教部派的分析，包括对早期传入中国的部派的分析。提法和日本、欧美学者的传统说法均不同，是王先生的重要发明。

在佛教史研究方面，王先生发表过多篇重要论文。如，1991年7月，在巴黎召开的联合国教科文组织总部召集的国际佛教学大会上，发表了"Buddhist Nikayas through Ancient

Chinese Eyes"一文，全文包括附录于1994年在德国哥廷根正式出版。在这次会议上，他被推举为执行主席之一。

三

改革开放以来，学术界的有识者多已指出，在某些国际性的学术领域中，特别是与我国密切相关的方面，我们必须迅速争夺与占领前沿阵地。为此，必须立即培养新人，形成梯队。中国人是聪明的，攀登学术顶峰的能力毋庸置疑。只要给一定的条件即可。"王邦维现象"便是明证。笔者15年来眼见王先生一步步成材，颇有感受，有几句老生常谈，愿就此请教高明。

一点是，"名师出高徒"，实乃至理名言。

费孝通先生在《留英记》一文中所说，老木匠是在自己的作坊里手把手地教会了小木匠的，那也是行之有效的经验。读专业性极强的某些学位，不在导师的书斋里熏习三年五载，决不为功。这就要求师生契合，达到师徒如父子的程度。

据我看，我国大多数老一辈专家都有甘当人梯的精神。"刘向传经心事违！"典型地表现了老前辈的这种心态。他们一怕传薪不继，二怕一生心血积聚的图书资料身后散失。所以，老前辈寻找接班人，恐怕比青年人找导师的心情要急迫得多。当然，历史的经验也使老前辈提高警惕，逢蒙射羿之事实在太多，而且一射一个准，射你个透心凉。但是，只要人品好，尊师重道，真心实意地学，一般地说，老师总会倾囊倒箧，不遗余力地传授。所以，师生关系的重点，恐怕是在学生方面。季先生和王先生的关系，据我看，起码在现时可称典型。

另一点是，对于王先生这样的"读书种子"，在其崭露头角后应该如何进一步培养的问题。

笔者浅见，培养一个这样的读书人不容易，应当保护住，让他在学术领域中继续开垦。特别是如王先生这样正当学术盛年，出成果的时候，要使他心无旁骛。非得按"学而优则仕"的老传统办，派个正副系主任之类的差使，还美其名曰："培养了你这么多年，你也该为系里做点事啊。"实际上是一种近视眼式的追求短期效果的办法，很不可取。

即以季先生而论，虽然有龙马精神，可是担任系主任、副校长等职五十余年，多少影响著书立说。他老人家的主要翻译作品，是在"文革"中没有空抛岁月赶出来的呀！

最后一点是，社会支援万不可少。

当前，特别需要出版家作为坚强后盾。王先生的两部著作能够出版，与北京中华书局的大力支持分不开。责任编辑谢方先生更起了决定性的作用。这一点我知道。

（原载于《书与人》1996年第6期）

及时的惠顾与前瞻
——读《中国旧书业百年》

读郑西谛先生《劫中得书记·新序》(《郑振铎全集》第六册第776页,花山文艺出版社1998年版),有云:"我曾经想刻两块图章,一块是'狂胪文献耗中年',一块是'不薄今人爱古人'。"读徐雁同志的新作《中国旧书业百年》,蓦然想到,徐雁同志倒是可以刻这么两块图章,虽然,严格地说,他还没有到达真正的中年呢。不过,以他的"狂胪文献"的劲头和作出的成绩,以及他做学问的态度,这两块图章的内涵,安在他身上满合适的。当然,由于时代不同,他和郑西谛先生所关心的和从事的,自然不会完全一样。但都与古旧书业密切关联,其内涵可说大同而小异焉。

中国的旧书业,姑且就我亲历的,可从20世纪40年代算起的,到现在还有多种联系的北京旧书业来说吧,那是培养出一代又一代学人的温床。我虽称不上学人,却是深受其惠六十年。读此书第一篇,仿佛又回到我的青少年时代。在东安市场书摊、隆福寺书铺"淘书"的往事如在目前。第三篇前半是学习"中国书史"时老师痛心疾首重点宣讲过的天灾人祸国难家丑,印象深刻。后半则多为亲身经历,言之伤心,在此处不复赘述矣。第四、第五以至第八篇,亦复如是。

我与徐雁同志等位有同感,即,中国的古旧书业,20世纪50年代的"社会主义改造"可能是分水岭。此前,还有许多位大藏书家陆续捐献珍藏,如周叔弢先生、傅增湘先生等位,堪称有巨大贡献之代表焉。国家及各省市、各大专学校图书馆,那一阵子也经费充足。50年代初我亲眼所见,东北某大学采购员来琉璃厂书肆买书,并不细看,顺手一指,说:"这一扇墙的书,我都要了!"令我咋舌!可是,书肆青年伙计说,这样的豪客不少。经过这么一捐献,一采购,留给读书人的余地不多了。"文革"来势迅猛,史无前例。我深受其害。特别于焚书之事创巨痛深,难以言表,也就甭说啦。改革开放以后,万物昭苏,又是一番天地。这几年,流行拍卖会上所见,新的藏书家又冒头啦。由于旧书已经不多,以老藏书家的眼光来看,他们太寒酸啦!黄裳先生是解放前出道的,专收明本、清本,照我看,也算是藏书家了。

有一次，在顾起潜先生北京的府上侍坐，偶然评议这方面的人和事。顾先生认为，黄先生还算不上藏书家。可是，当代能赶上黄先生原来的藏书水平的，我想恐怕不多了。再说，当代的藏书家，恐怕有那么几位属于"倒书"的，和解放前后书肆的掌柜的甚至资深伙计差不多。铜味儿兴许更浓呢！

再说，当今的古旧书业，以一些北京中国书店的分店为例，卖的多半是新出版的古籍、艺术、考古文物，以至于历史、地理、中医中药等书籍，好像是新华书店的一种专业化性质较强的分店。北京的地区也越来越大，古旧书业集中在几个地区，尤其是琉璃厂，而且越来越气派，寒儒裹足不前矣。追忆六十年前，我家居沙滩，每于晚间赴东安市场书摊或隆福寺书肆浏览。花少许钱，淘得心仪已久的旧书，每每为之狂喜。一次，以二千元（相当新币值二角）买到一本毛边本的《半农谈影》（当时，我刚加入"北大摄影学会"），立即跑回家中，边裁边读，彻夜未眠。后来兴趣转移，弃置书簏。前年捡出，以之参加"小拍"，竟然拍了八百元！我都糊涂了。

以上絮缕道来，只是想说明，三十年为一世，从古旧书业看，就我来说，经历似已两世。世局变化，真有"山中方七日"之感。当此两番变化关头，应该有豪杰之士出而总览全局，总结历史经验教训，指出新方向，以供领导采择。徐雁同志此书，及时问世，就担当起这项任务来。

综览徐雁此书，一则总结解放以来古旧书业的兴衰，公开指出"古旧书业社会主义改造"的得失。这是需要胆量的。恰恰赶上与时俱进的和谐社会的初期，鼓励建言，特别鼓励知识分子与民主党派人士建言，并给予种种方便——徐雁此书的列入重点课题并获得补助，就是一例。徐雁深知，领导者是向前看的，十分需要新的改革思路与建议。因此，二则，他这本书两条腿走路，把另一重点放在新时期古旧书业的新生这一生死攸关的大事上面。他集思广益，在深入调查的基础上，敢于提出具有个人风格的大胆的建议。窃以为，徐雁此书最有价值的，乃在这一部分。

作为一部学术性质极强的专书，往往艰难晦涩。徐雁此书可不然，可读性甚强，融资料性、趣味性于一炉，娓娓谈来，使人忘倦。这可是掌握某种学问达到化境的表现。追忆我与徐雁相识于近三十年前，当时他还是我系即北大信息管理系的高才生，已经表现出咬定古籍图书不放松的学术种子的模样来。没想到这二十年他有如此迅猛的进步。对他，对此书的问世，我愿借此篇幅，表示衷心祝贺！

惭愧呀，我的"书缘"

董宁文老哥派我写一小段有关"我的书缘"的文字。我和董老哥虽然至今缘悭一面，可是，通过过去观摩过我的课的徐雁同志的介绍，却是"早闻一箭取辽城"矣。董老哥派下这件差使，咱是一则以喜一则以惧。喜的是，老哥居然点兵点到我，真有点起用好兵帅克以挽救奥匈帝国的危亡的意思啦！惧的是，怕把这出戏给演砸了，老哥岂不成了卢卡施中尉了吗！

我为什么怕上演？主要是自忖"书缘"一道，道行太浅。我一向介绍自己，都说"北京大学信息管理系退休人员"，这顶帽子扣下来不松不紧。要说干这一行的都有"书缘"，只可说虽没吃过猪肉，也算见过猪跑就是了。

先母根据我理科悟性差（不等于文科就好）、外语不灵与身体欠壮实等情况，努力培养我学文科中的中文或历史，实际上就是让我学习中国古典文献。她认为，学这种行当，主要靠不断钻研，而且有书就能研究，还是越老程度越高。不像学理工科的（数学和理论物理等除外），老了，再脱离实验室或工程设备，也就逐渐落后啦。这虽是一面之辞，也有一定的道理。我至今深信不疑。

且说，我从初中二三年级开始，信从母亲的"道尔顿式教育法"，立志读北大中文系或历史系。我母亲移家沙滩北大之旁，还时常带我到红楼、灰楼访友，鼓励我隔三差五地旁听北大的课程与讲座，并大量阅读文科与理科科普课外书。我在整个中学期间，乱七八糟地浏览与个别按爱好精读，看的书可是不少。早期，即初中一二年级时期，沦陷区的进步书刊极少。我把家里的《西游记》《三国演义》《红楼梦》《水浒》《聊斋志异》《封神演义》和它们的一些续书、同类书都看得烂熟，至今，其中大量情节记忆犹新。这就往外转了，北京后门桥旁边有个租书铺，快看快换书能省钱。下学后我就去那里租书，一租五本，两三天内看完。这样两三年下来，培养起我快速阅读的能力与爱读书的习惯。我几乎把那间书铺所有的书（不包括小人书）全看完了，包括大量的武侠小说、神探小说、言情小说。甚至连《留东外史》《海外缤纷录》之类，以及铺子后柜的黄色小说也看了不少。现在的体会是，一方面，敌伪的思想统制暗中进行，进步书刊市面上几乎找不到。例如,老舍、冰心、巴金二战前的著作,当时尚可读到买到(听说在东北即伪满洲国地区也不容易),二战时非沦陷区作家的作品,比如张恨水的《大江东去》,那都得胜利后才能看到。所以,亡国奴的阅读范围是有限的,是暗中受管制的。另一方面则是,各种各样的书全看,看多了,定会产生免疫力,懂得什么是坏,就不至于跟着学坏。我虽然看了许多坏书,自觉尚未学坏,就是明证。不让青少年接触坏书,老在温室中培育,我看并非良策。

抗战胜利,实为惨胜。接收沦陷区的国民党"五子登科",老百姓哀鸿遍野。北京天安门前千步廊内许多人摆摊,卖各种东西。一天,我去逛逛,见一穷困潦倒的黄瘦知识分子在那里卖书。有一部顾颉刚、徐文珊两位先生标点分段的"白文本"《史记》,三大册。我想买,那位如遇知音,竭力推荐,还询问我的学习情况,对我大加鼓励。这部书是我买的第一部业务书,保留至今,还时常用来学习。我觉得,优秀的标点白文本,阅读起来文气顺当,特别是司马迁的好文章,真如飞流直下三千尺,宜于欣赏性的阅读。当然,读者得有一定的功底。不过,也不必达到句句都通,能凑合着顺下来就行。我十岁左右读《聊斋志异》,即采用此种方法。好书不厌百回读,不懂的地方以后接着学就是。

我终究上了北大,读中文系;几经周折,后来在北大图书馆学系工作。老先生告诫我，瓜田李下切须防备，具体到书，有许多不成文的清规戒律。例如，不可买卖与收藏1840年以前出版的图籍与稿本；近现代的上了"善本下限"的，个人也不能存留。再如，借图书馆的书籍，一定按时归还。绝不允许把图书馆的书代借给别人。有影印本的，尽量少动善本原件。个人少量买卖自己的书尚可，决不许作书商。老前辈还举出许多他们的前辈和同辈人"栽跟头"的事例，教育我等，至今记忆犹新。同时又说了："严禁外传！"

我年轻时，也属于费孝通先生所说的"逛东安市场能拖回一批批旧书"的学子；中年时，也在中国书店内溜达过。终因囊中羞涩，胆量不大，只可买点便宜的小书。例如，郭伯恭先生的《〈四库全书〉纂修考》《宋四大书考》等几本书，就是这样陆续从书摊上采购来的。及至改革开放十几年后，有点专款了，腰包有点鼓了，这才慢慢地将需要的业务书配齐。但是，谨守师传，舍下所有，都是1840年以后出版的书。环顾书房四壁，我干活需要的图籍，基本上有了。不上图书馆，也能凑合着在家里完成任务。我也老了，八十岁了。过于繁杂的、需要大批特殊参考资料的工作，只能谢绝！我的书缘，怕是要请这些好不容易聚集来的书奉陪我到底啦！我总觉得，若是一个中年人，利用我六十多年来集中的这批专业性颇强的书刊，正值精力旺盛、脑筋灵活之时，定能干出比我多得多的活计来。

我想,董宁文先生想的定是我能说出些内幕新闻,文人轶事。我肯定让他和读者失望了。六十多年来,买书的经历不能算不久,只是磨练得麻木了。买书,已经形成一种理智的思考和交易过程,犹如饥来吃饭困来眠一般。难道这就是书缘么?悟得传灯第一禅!

人海栖迟

中国书店与我

一

中国书店是国际知名的中国北京古旧书业大书店，犹如一个巨人家族；我是书店的一名小读者。两者之间，不成比例。可是，中国书店哺育下成长了一代又一代的学人，却是不争的事实。在中国书店及其前身的琉璃厂、隆福寺等各书肆书摊上买过书的人，更是无法计数。

我在1943年初再还旧国，重读初中一年级。当时年纪虽小，却能立时感受到古都浓重的新旧文化互相渗透包容的学术空气。并非我聪明或有特殊第几感，而是气氛实在太浓烈了。我后来常想，只有成都才能依稀似之。为什么？我长大后也常想，这两个城市，特别是北京，一是古迹名胜多，我至老也没有逛完；二是各种各类的学校多，因而学生也多，下班以后街上走的多半是学生；三是书肆、书摊出奇得多，连馒头铺也带卖唱本。

较快地，我跟着学起逛书摊来，兜里缺钱，只逛不买。自惭形秽，大书肆不太敢进。听说有些名流学者是经常"泡"在琉璃厂书肆之内的，午饭就请学徒去附近的饭铺叫一碗烂肉面之类的，坐在铺子里一进门的八仙桌上进餐。据说，这还是老传统，有点像英国律师得在一种俱乐部里吃饭多年，才能熬成大律师呢！我听后羡慕得不得了，认为他们过的真是神仙般的日子。心想，有朝一日也能在那样的八仙桌上吃上一碗面，今生也就不枉了。

1945年抗战胜利之后，9月初秋，我在书摊上买下我后来经常诵读的第一部中国古典文献名著：顾颉刚、徐文珊两位先生点校的"白文本"《史记》。我清醒地记得，那位摆摊儿的瘦瘦的中年人，对我这初中生大大地鼓励。他认为，小小年纪能买并且愿意读这样的古代名著，"难得啊，难得！"趁着当时客流稀少，他还为我讲了何谓"白文本"，以及司马迁之伟大。听着听着，他的形象在我的面前显得越来越高大。以前，我只有在新式书店买书的些许经历，从未在这样的书肆书摊上买过书，也从来没有见过这样亲切、平等待人和如此有学问的摊主。对于一个初中学生来说，这位经营者似乎很有点折节下交的意思，使我受宠若惊了。

由于这次买书的愉快经历，使我知道了有亲切待人的好的购书去处，以后买书，除了当时的古旧书业不供应的如某些新出版的教科书之类，就老到书肆书摊翻摸啦！屈指一个花甲子过去，六十余年矣！

积六十多年之经验，我百分之百的认同绝大多数老读者的看法：以北京的古旧书业为代表的传统特色之一，就是和顾客交朋友，主动交朋友，并且友情还是得越来越深，那才合乎以琉璃厂为代表的店风。老的一代专家级店员的事迹，久已见诸各位先辈、前辈的"琉璃厂买书记"一类的翔实记述，像我这样的后生晚辈，无容置喙。且说说二十多年来我与一些位比我年轻的店员的交往，以见老传统依然未沫，爰及今日，微波尚传。

且说，二十多年前，约在1985—1986年之际，现任中国书店业务科科长（听说已提拔为经理）许惠田女史，当时二十多岁，受领导派遣，来到海淀镇设立一个有特色的分店。此店设于黄庄一条斜街内，产权属于一个小学校，地点荒僻，一所小院，几间平房，带有年久失修的破落情状。进店须经一个小过道，曲折行进始达庭院，院中绿满庭前草不除，时有大耗子、黄鼠狼出没。此店开业前，故友黄振华先生（后来在中国国家图书馆善本特藏部工作，通晓多种外语，实为怪杰，惜其不寿）偕许惠田女史光降舍下（那时下走还住蔚秀园二居室），希望我代为"招呼招呼"。其时下走才为副教授，到哪儿都排不上号，贵客赏光，也颇有初中生受宠若惊之感也。

据我后来观察，此店主要销售降价学术书，文理齐备，当然是文科书多，小语种（如满文）甚至于古代语种（如西夏文、梵文）的书籍也插架在列。同时办收购：旋收旋售，机动灵活。收价不低，售价不高。品种甚多，时常更换。来晚了几天，想买的某种书就没啦！我原来还怕顾客找不着门儿呢，岂不知，门庭若市，以中关村一带的高级知识分子为主。群贤毕至，少长咸集。有时，我要找某些熟人，就说找袁行霈或褚斌杰吧，当时住宅电话极少，打公用电话没人接转，辄仿慈仁寺内书摊觅王渔洋之法，到这个仅在容一辆自行车的过道外竖立一块"中国书店文化书社"小匾额的书店内去找，十拿九稳，准能逮住。把书店办成团聚书生之地，我想，这是琉璃厂书肆的传统。文化书社正是继承与发扬了这一传统，从而办出自己的特色来。我想，中国书店派许惠田女史来海淀办这么一个店，正是从这一点出发，有深意存焉。

可惜，胜地不常，旧房拆迁，文化书社俯仰之间已成陈迹。北京市区域越来越广阔，虽然交通也越来越发达，可是，从北大逛琉璃厂，往返没四个小时就办不了，时间全耗在道上了。海淀镇上固然还有中国书店几间门脸儿，却是一大部分以卖新出版的古籍新印本为主，另一小部分收售旧书的，也有点溃不成军的样子了。店员却仍然保持老传统，笑脸迎人，热心服务。典型的，如李小琦女史，为我找书多年。如今我搬家到颐和山庄，距离海淀镇有十五六公里了，坐车不堵车也得四十分钟以上。可是她不我遐弃，我要什么书，其实没几本，说给我撂着，哪天来取吧。她偏不干，亲自驾着自己的车（德国奔驰呀！），倒赔汽油没处报去，大暑天的，远远给我送来。我见她脸上几道子汗，真让人不落忍的。这就是中国书店为顾客服务的真精神！一代一代传下来，不带含糊的。犹忆二十多年前在文化书社，我要找本什么书，许惠田女史翻箱倒柜地找，始终找不着。我说算了。她不干，跪在地上翻最低一层柜。打开一个小柜时，一头肥猫伏卧其中，呼呼大睡。盖店中之守夜员也！

二

中国书店也不是故步自封的店堂。在固守老传统的同时，与时俱进，也有许多新举措。办拍卖会就是一件。中国书店的拍卖会两条腿走路，"大拍""小拍"并举。这是审时度势后执行的灵活机动的战略战术。因为，中国书店拍的主要是书籍，其中宋元本绝少。不比某些以拍绘画为主的拍卖行，一幅画就能拍出千儿八百万的。再则，近现代印本、抄本的书籍，一般上不了"大拍"，只可另立"小拍"。其实，小拍拍好了，也很得劲。绘画就不行，谁愿意给小拍拍去，那不是自落声价么！因此，中国书店采用双峰并峙二水分流之法，乃是根据本身条件，举措非常正确。

我是北京大学信息管理系（前称"图书馆学系"）退休人员，恪守老先生经常告诫的若干"不成文法"。例如，"不许吸烟"是一种职业性的不成文法，我绝对遵守。"不许购买与收藏1840年以前的书籍绘画"，属于"瓜田不纳履，李下不正冠"的"免嫌"不成文法，我也终身执行。因此，舍下所有，全是实用型近现代出版的书籍。我是个"用书者"而非"藏书家"，更称不上学者，因而，至今也吃不成那碗烂肉面。

可是，"瞎猫撞着死耗子"，我也居然能有几本书上了小拍。此均时代特别是"文革"之赐也。"文革"消灭了许许多多的书籍。当代化为盛世，大反弹，和谐社会，收藏风越刮越盛。我的几本旧藏北大、清华讲义上了小拍，得了一笔钱。忽然想起，约1950—1951年之际，初入北大，参加"北大摄影学会"。一晚，逛书摊，见有刘半农先生所著《半农谈影》一书，还是毛边本，以相当于现在两毛钱的价格买回，看了一夜。这次找出，送小拍试试。拍了八百元！我算服了。我建议：加强小拍！

人海栖迟

中关村里续书香
——祝贺中国书店中关村分店开幕

　　名扬海内外的居我国古旧书业首位的中国书店,一向以琉璃厂为总根据地。也不必再往上推,但说近百年来,即清季民国直至解放前后,琉璃厂、隆福寺等处的旧书业,就协助北京以至国内外的各类学府与研究机关,造就了无数学者。它本身也涌出了许多专业人才。这是不争的事实。

　　我的中学时代,在毗邻沙滩北大红楼的翠花胡同内度过。斜对门就是北大文科研究所。解放后我进了北大,后来还在北大图书馆学系(今称信息管理系)工作。因而,我和古旧书业的联系是必然的。从1946年我买第一部古旧书算起,我和中国书店的前身已经有六十多年的往来了。中国书店是公私合营的产物,从它开市的头一天起,我就步入观光，算来也有五十多年的交往了。我的中国书店的朋友特别得多。

自从北大迁来西郊高校集中地区后，北京越来越变大。上一趟琉璃厂，比在北大坐京津间通联车到天津大学还费时间。中国书店固然已经在海淀街上开了几家小型门市部，终究解决不了大问题。这次，领导下定决心改建海淀一条街，书店全员努力，竟然在相当短的时段内，把中关村店建成，堪称一大举措。我以为是个奇迹。

作为中国书店的老粉丝，我在开幕式的乐声中步入新店。但见店高五层，供营业者四层：地下一层专营文史哲特价图书，一层以经营艺术鉴赏类图书、画册暨文具、画具等为主；二层陈列文史哲、文物考古、语言文字、民俗文化等类别的新书，更有旧版新印古籍；三层销售中外文古旧书，同时展示一些本店珍藏。据店中书友介绍，营业面积在1600平方米以上。这个店是中国书店的显示经营特色的展示店，同时开展古旧书刊收购，承接古籍装订修补业务，并可接洽图书出版事宜。它沿袭了琉璃厂老店的旧传统，开展全面性服务。

我目睹五彩缤纷的店貌，听罢书友的简介，异常兴奋。中国书店真乃与时俱进，趁此地气北转，老店新开，开进知识分子的集中地域来了！斗胆建议：

发挥古旧书业老店与专卖新书的其他书店截然不同的

老传统，派出得力人员，走门串户，和顾客广交朋友。古旧书业有出有进，属于长流水的行业。即以收购而言，据我所知，与我同辈的专治中国文献的学者，在西郊者颇多，且已有凋零者。他们的后人不一定是读文科的。这一代人所藏大多是业务用书，善本极少。这些图书，他们本单位和相关部门的图书馆和资料室经常视同复本，就是捐赠都不一定愿意收纳。中国书店正是消纳的好地方。但必须做到交朋友交到登堂入室的份儿上，替他们着想，急出售者所急。这正是中国书店老传统的擅长。中关村左近，用武之地可多着呢！其中极可能有些书品特殊的，可以开专柜，以托售形式寄卖。例如，我的老师周太初（一良）先生，就有许多日本等国学者赠送来的签名本，周先生在书后往往记下收到时间等数据，并签名盖章。我看，这些就够当代文物资格了。我正在撺掇师弟拿出来，在中关村店开个小专柜呢！

与时俱进的另一招，就是开拍卖会。中国书店早就这么办了，大拍、小拍按季不断。这里面也存在一个地区问题。若但在琉璃厂拍，西郊的知识分子除了劲头特别大的，大多数可能裹足不前。趁着中关村店店堂不小，建议在此增加分会场。不知主事的彭震尧、刘建章等诸公以为何如？

更有不能已于言者：老书铺和老主顾交朋友，上门送书三节结账是常规。还可砍价。此事人间久寂寥矣！不过，近来各种各样的私营小店与掮客崛起，船小好调头，薄利多销。中国书店限于种种情况,似非其敌手。肯买古旧书的人,大多是相对收入微薄的知识分子,往往节衣缩食以求。中国书店海淀店的李小琦女史是一位优秀的老店员,很能体谅读者,对我就折扣售书。我是非常感谢她的。可是,后来我发现,北大45号楼地窖内的几家专卖新出的古典文献书籍的小店(如汉学书店),折扣比李小琦还低,我就叛变啦!今天我在店里,若干逛店者就对我说,中国书店书价高!我赶紧反映给店员了。看来她们不主事,微笑而已。若从长远看,可是关系书店存亡的大事。我斗胆建议,为顾客着想,新书薄利多销,古旧书允许砍价,大家多辛苦点,兴许能日进斗金呢!

  见到书店的许多老朋友,也使我兴奋加感慨不已。如业务经理许惠田女史,刚到海淀开店时就光临舍下,此后三十余年往来不断,成为书友。她已由小女孩成长为中年骨干了。新任中关村店经理薛胜祥同志,与我相识时还是新进店的小伙子,现在也有抬头纹啦!我也是头童齿豁之人了。眼观骐骥行千里,安得书生不白头!

下篇

《北京民间生活百图》影印本前言

《北京民间生活百图》，一册，手绘彩色图共百幅，一页一幅，图绘一事。所绘均为清末北京民俗，基本上按行业单独图解，配有半文半白的简略说明文字。中国国家图书馆珍藏，登录号：17472，分类号：社730／809。

此种图谱属于中国传统绘画中的风俗画类型。风俗画是中国传统的人物画范畴内的一大类。按其内涵，可大致分为长卷和小幅两类。长卷表现繁复的人物与事物，如传世名作《清明上河图》，年画《姑苏万年桥》，以及清末吴友如《点石斋画报》中的许多作品，均属于此类。小幅则如传世名作《货郎图》等，基本上一事一图，人物不多，背景有时简略。《北京民间生活百图》属于后一种中的比较简单的一类，人物不多，背景略去，系民间艺人手绘本，乡土与时代气息浓厚。图中人物均清末穿戴装束，值得注意的是，说明文字每以"中国"打头，且出现近现代留学日本的学生引进的医学新词语"卫生"（与古代作"养生"理解者不同）；"卖江米人"一幅中吹塑的人物中有穿西服持阳伞的西洋人，形象逼真准确；"卖艺"一幅说明中介绍艺人"名曰傻王"；"广东妇人"一幅介绍南方进京官僚带来的广东保姆及其装束与大脚。由此种种迹象观察，这些彩图极可能是光绪末年八国联军进京，签订"辛丑和约"后数年，即1902至1910年之间所绘。那一段时期内，外国人来京者显著增多，其中不乏对社会民俗有各种各样兴趣或工作需要的人士。此种民间风俗图解，极可能是首先以他们为买主的。北京土著当时肯花大价钱买这样精致的图解者不会很多。

这些图像，按其技法，均应出自民间艺人之手，且均非率意之作，而是忠实地反映当时市井生活的作品。描写工致，刻画逼真。不仅具有很高的历史价值，也具有相当高的艺术价值。清末至抗日战争爆发前，北京出现了多种与此同类的风俗画集。此集不但得算是其中的老前辈，论历史价值和艺术水平，也是其中的佼佼者，堪为后进领袖。

北京解放已五十多年，旧的风俗、行业、行当迅速消失，有的则改头换面，笔者儿时尚及见此种图绘中之大部分情景，今日观之，恍如隔世矣！保留此种真实形象，既可供史家与社会学家、艺术家等参稽，更可作生动的教材以教育子孙后代，也能汇入国际文化交流的长河中。其说明文字中的若干词语及其所反映的事物今已不存，如"修脚"一幅的说明："手持竹板，名曰'对君作'，长街游走，竹板一响便知。""中医道"一幅中"请看"与"门脉"的费用等，都是难得的史料。这部书影印的意义是多方面的。

此书曾以《北京民间风俗百图》为书名，由本社改编印行过。此次影印，完全依原貌印行，以存其真。

（《北京民间生活百图》，北京图书馆出版社影印，2002）

人海栖迟

《京师地名对》及其作者巴哩克杏芬女史

　　对联中有一种"地名对"，是从清朝开始兴盛的。代表性的专集，如俞樾《春秋人地名对》一卷、黄朝桂《广春秋人地名对》一卷和民国间人彭作桢《历史地名对附物名对》一卷等。那都是文人雅士翻阅文献编纂出来的。用当时当地的本地风光组对，据我们掌握的材料，如《文章游戏》《巧对录》等书中辑录的杭州地名集对等，是为前驱。北京的地名集对，当以《京师地名对》一书为个中翘楚。此书作者是一位蒙古族女青年，更属难能可贵。

　　此书为木版刻本，分上下卷，共刻六十二版，半版十一行，满行三十字。据书名题签所署为"壬寅清和月"，即清光绪二十八年阴历四月（公元1902年5月初至6月初），判断刻成印行当在此后不长的时间之内。可能是非卖品，仅作赠阅用。署"蒙古巴哩克杏芬女史辑"。据书前五篇或诗或文体裁各异的前言性质作品，还有书后两篇跋，特别是书末所附《巴哩克氏杏芬小姐家传》，我们可以大致了解有关她的情况，如下述：

她是镶白旗蒙古族人，清同治十三年甲戌二月十九（公元1874年4月5日）生于江苏镇江。她姓巴哩克，汉名杏芬。父亲铁君，时任地方官；后来进京做官，在她逝去时父亲任职于工部。母亲姓默赫特勒氏。她是长女，有一个哥哥，两个妹妹，最小的妹妹去世比她早。她的相貌"丰腴端正"，从小和哥哥一起随一位老秀才读书，后来长期为她父亲经管文书和应酬知会登记等工作，相当于秘书。家务也由她主管。清朝的旗人家庭中由尚未出阁的小姐当家是习见的事。长女更是经常被派担任这项差使。这种做法又经常导致她们成为"大女"而难于出嫁。这在清末民初的北京也是屡见不鲜的事了。杏芬艰于选婿，一直未嫁。居恒以辑录北京地名对自遣。清光绪二十三年丁酉六月二十七（公元1897年7月26日），因肺病不治，逝于北京家中。年仅二十四岁。她的父母觉得"缘悭婿少乘龙选，病剧医无扁鹊方"（铁君题此书诗），很对不起她，因此在经营了五年之后刊行她的遗作，以为纪念。她葬于夙有"花乡"之称的丰台，可说不负"杏芬"之名。

《京师地名对》分二十类。各类先按字数，由二字至八字，顺序编排。字数相同者，则按诗韵前后编排。每一地名下均有简明的一两句注释。兹各举例胪列如下：

1.天地总类，如"天喜庙；地安门"之类，共8副。

2.天文时令类，如"夕照寺；朝阳门"之类，共87副。

3.地理宫室类，如"海淀；江亭""水窦；沙滩""海会寺；郊劳台""甜水井苦水井；大石桥小石桥"之类，共63副。

4.人伦类，如"王府井；祖家街""内宫监；外郎营"之类，共32副。

5.性情人事总类，如"极乐寺；大悲庵"之类，共116副。

6.身体类，如"三角淀；八面槽"之类，共26副。

7.古迹类，如"李皇亲夹道；王寡妇斜街""俄罗斯馆；利玛窦坟"及"玛哈噶喇庙；耶律楚材坟"之类，共46副。

8.鬼神仙佛释道类，如"灶君庙；炉圣庵""财神庙；利市营"及"火神庙；水仙庵"之类，共48副。

以上为卷上。

9.禾稼蔬果草木类，如"晾果厂；惜薪司""南柳巷北柳巷；东华门西华门""东荷苞巷西荷苞巷；南芦草园北芦草园"之类，共108副。

10.鸟兽鳞介昆虫类，如"龙泉寺；虎坊桥""钱老鹳庙；石驸马街""前马厂；后牛湾"之类，共130副。

11.服饰用物总类，如"磨盘大院；烟袋斜街""南剪子巷北剪子巷；东棋盘街西棋盘街""栏杆市；喇叭营"之类，共78副。

12.珍宝类，如"金阁寺；玉渊潭""销金厂；积水潭"之类，共54副。

13.饮食类，如"米粮库；豆腐池""灶王庙；厨子营"之类，共36副。

14.数目类，如"二闸；双桥""十方院；半壁街""九天庙；八里庄"及"三家店；八道湾"之类，共60副。

15.方位类，如"北海；西山""关东店；陕西街"之类，共66副。

16.干支类，如"长辛店；正乙祠""奶子府；挂甲屯"之类，共23副。

17.卦名类，如"观音寺；节孝祠"之类，共34副。

18.颜色类，如"青草市；翠花街""红罗厂；白纸坊""前青厂后青厂；大红门小红门""白塔寺；卢沟桥"之类，共44副。

19.虚字类，如"真如寺；般若庵""花之寺；陶然亭"之类，共8副。

20.叠字类，如"娘娘庙；妞妞房"之类，共6副。

以上属卷下。总共二十类，据我们的统计，共1073副。特别应该指出的是，在每一个地名之下，都注出其地点，向附考证。这对于现在研究北京的地理和地名学，都是有重要的参考价值的。

从研究对联的角度来看，杏芬的著作不愧为带有民俗意味和富于通俗文学性质的优秀对联作品。她应该算作清朝末年北京联界的一位女作家。在使"地名对"这一类型的作品通俗化和"现代化"方面，她是一位先驱者。可惜，从来知道她的人就不多。我愿借此指出她的贡献。希望将来有可能校点出版她的这一著作。

1995年6月28日，承泽园

京味文化与北京的对联

按照我的理解，京味文化就是带有浓郁的北京气息的文化。它带有强烈的可辨识性，换句话说，它的特点十分突出，人们一听一看，就能知道这是京味文化的东西，很容易地就能把它给辨识出来。可是，要给它下个定义，却不那么容易。

也是按照我的理解，京味文化虽然可以溯源到辽金时代，甚至能追溯得更远些，可是咱们现在能感受到的京味文化，却大部分是明清两代的，特别是清朝以来的有形无形的诸多文化存在、积淀和文化气息。这种存在和气息虽然似乎正在缓慢地消失，或者说是正在转化为新时代的新京味文化，可是在北京还是无处不在，沉浸在整个北京的大文化圈之中。

对联是汉字文化的独特产物。清朝初年到民国初年是它的极盛时期。我以为，起码在这一时期，在北京写作并张挂、流传过的一部分对联，就具有不可能移植到别处的特点。这一部分文化积淀，似乎应该算在京味文化的范畴之内，我愿表而出之，提供给京味文化的研究专家讨论与裁定。

　　我认为，从高阶层看，北京的皇家系统施用的对联，包括各个宫殿、皇家园林等处的室内室外装饰联，以及各衙门和坛庙观堂等处的室内室外装饰联，还有若干春联、挽联等等，具有冠冕堂皇、典丽繁缛的官方特色，而且属对工整，技巧性很强。它们都带有不能移易的特点，它们都带有"官样文章殿体书"的风格。它们都带有一种特殊的京味文化的气息，应该把它们算在京味文化的大范畴之内。例如，《国朝宫史》和《国朝宫史续编》两书中就有大量的这类联语。限于篇幅，仅举宫殿、园林、衙署等几副联语为例：

　　　　道脉相承，经籍昭垂千圣绪；
　　　　心源若接，羹墙默契百王传。

　　　　　　　　　　　　　　（文华殿联）

　　　　干羽两阶崇礼乐；
　　　　车书万里集冠裳。

　　　　　　　　　　　　　　（紫光阁联）

> 体钦恤以明刑，秋肃春温唯国法；
> 秉端平而弼教，青天白日见臣心。
>
> （刑部联）

> 春为一岁首；月傍九霄多。
>
> （军机处元宵节联）

看得出来，这类联语均有立言得体和颂圣歌德的共同风格。

另一类能充分表现北京地方特色的是地名对。

这种"地名对"，是从清朝开始兴盛的。代表性的专集，如俞樾《春秋人地名对》一卷、黄朝桂《广春秋人地名对》一卷和民国间人彭作桢《历史地名对附物名对》一卷等。那都是文人雅士翻阅文献编纂出来的。用当时当地的风光组对，据我们掌握的材料，如《文章游戏》《巧对录》等书中辑录的杭州地名集对等，是为前驱。北京的地名对专书，则以镶白旗蒙古族女青年巴哩克杏芬（1874—1897年）所著的《京师地名对》为嚆矢。此书共编录北京的地名对联1073副，并在每一个地名之下，都注出其地点，间附考证。这对于现在研究老北京的地理和地名学，都是有重要的参考价值的。

从研究对联的角度来看，杏芬的著作不愧为带有民俗意味和富于通俗文学性质的优秀对联作品。她应该算作清朝末年北京联界的一位女作家。在使"地名对"这一类型的作品通俗化和"现代化"方面，她是一位先驱者。可惜，从来知道她的人就不多。我愿借此指出她的贡献。下举此书中的数例：

王府井；祖家街。
磨盘大院；烟袋斜街。
花之寺；陶然亭。
前青厂后青厂；大红门小红门。
南剪子巷北剪子巷；东棋盘街西棋盘街。

再有介于雅俗之间的，即当时各大商店、戏园子等地方的抱柱楹联之类，大多数不但能表现出行业特点，也能同时表现出京师的地方特色。例如这样的两例：

和声鸣盛世；
春色满皇都。
（和春部演出的戏园外所挂，首字嵌该部）

人居化日光天下；

参自清河上党来。

（前门内东城根人参局，也就是人参专卖店。首字嵌"人参"）

就很能表现出清朝中晚期粉饰太平的特点，以及努力点出京师特色之处。还可举有这样风格的三副饭庄对联：

庆升平世；
会富贵人。

（崇文门内观音寺庆会堂饭庄，首字嵌堂名）

东道恒为主；
升阶豫作宾。

（前门外大栅栏东升堂饭庄，首字嵌堂名。此外，"恒"是《易》卦中第三十二卦，"豫"是第十六卦，都是好卦象）

东方献寿；
麟笔书春。

（前门外樱桃斜街东麟堂饭庄，首字嵌堂名。这是春联，切新春，切饭庄行当，又切字号。用的是两个现成的常用的句子而不显俗气）

就是那一般人看不上的地方，也吹牛放炮，以显示"住"在京师的不凡：

虽非羁旅招商店；
却是藏龙卧虎堂。
（乞丐住的鸡毛小店）

记得三十多年前，有一次听冰心老人讲演。老人家说，她在北京贝满女中读书时，常利用上下学行路的间隙观察马路两侧商店的楹联，觉得很有北京特色，并从中学到许多语言知识。笔者在新中国成立前还见过许多这类楹联，现在当然荡然无存。如有可能，在恢复古旧建筑时连带恢复一些当年的对联，则颊上添毫矣！

最后说几句题外话。对联是一种综合性的环境修饰之一部分，它应该与所存在的大环境有机地结合在一起，并加强要表现的主题。现在许多影视作品中，一则不顾时代，如宋朝以前是没有对联的，对联是明清两代特别是清朝才大为流行的，而是不管哪个朝代的戏都张挂对联。二则不管剧情，张挂的对联与之游离。这一点在演有关北京的历史剧时必须注意，相对来说，用好了，倒能显露出画龙点睛之妙也。

《北京名匾》

匾额，作为室内外装饰艺术的一个有机组成部分，并丰富了其中的文化内涵，可说是汉民族文化的独创。它虽然被满族、回族等民族文化吸收采用，并远传日本、朝鲜等国，可是，论根深叶茂，还是在本国汉字文化圈内。

匾额本身也是个综合性的艺术与技术产物，是汉语言文学，汉字书法艺术，中国传统的多工种技术加艺术如建筑、漆工、木工、雕刻工、装裱工等的综合运用产生的果实，带有深层的汉民族文化审美意蕴。像匾额、对联这类兼具装饰和实用性的文化产品，说它是国粹实不为过。

曾记得60年代初，有一次听冰心老人讲演。她老人家说，年轻时在北京灯市口的贝满女中就读，上学途中，很爱看东四一带那繁华的商业大街上诸多商店的匾额与店联，能从中学到各方面的知识，并提高了审美能力。还说，其他城市的，都不如北京的多而且好。

我受到老人家的这番话的启发，从此在北京内外旅行时，也注意起这方面的事来，自觉别有意味，颇有会心。

我在北京生活前后近60年。回忆起来，解放前的北京，除了王府井等一小部分街道有些洋化以外，大多数街道和胡同的时间似乎有些停滞，还停留在清末民初那时的状态。除了前面冰心老人谈到的街面儿上店铺的匾额之外，胡同里某些世代簪缨的人家，大门洞正中和左右往往悬挂着若干块"进士第""状元及第"之类的匾额。

如我住过的东城区翠花胡同七号和八号（现在大约是25和27两号）就悬挂有此种匾额不下六七块。其实主人早已败落，进士府早变成大杂院啦。可那些匾额依旧悬挂着。这也是别处特别是上海等洋码头少见的一景吧。大夫（特别是中医）的家门口也少不了"华佗再世"一类匾额，那倒是在外地也常见的。

解放后，特别是从文化大革命再到改革开放，一浪接一浪，那些"化石"迅速消失。即以本书中推出的匾额来说，有的说是打砸以后的残余，我看是虎贲中郎之似而已。其中一些是否照猫画虎，就连本书的编者也拿不准啦，如本书第147页，讲到"敬天"这块匾额的时候，就结合所用印章加按语说："明清皇室玺印中向无'祭祀之宝'玺。"并且说明："现悬匾额均为'文革'后补制的。"真是宛转其辞矣。

时代在前进，现在的一些事已经如此，几十年后，青少年时期见过解放初老匾额是怎么挂的人都没啦，连现在悬挂的一些匾额也可能消失。到那时候，恐怕连假古董都造得更不像啦。留住这点国粹的影像，我看是当务之急。拙见以为，这事比北冰洋探险还紧迫，因为，北冰洋的冰一时半会儿还化不了呐。

正因如此，我对1996年由北京美术摄影出版社出版《北京名匾》这部书，可说是有点欢呼雀跃啦！再晚些时候，不说编不出来，起码也不像现在得时应手。

看了这部书，多少有点心得体会，说出来请读者、编者和出版者批评指正：

一点是，编者从一千八百多方匾额中遴选出三百余方，大多由自己进行拍照，编成此书，用力不小。

可以看出，编者对匾额在装饰艺术大环境中的地位有充分认识，并尽可能地予以体现。所以，所选的匾额大多数是现在尚在悬挂着的，看来经过翻新而显得崭新的可不少。照片中，除了匾额的特写镜头以外，并以大量的装饰艺术效果全景图片相配。这是一种极好的做法，起相得益彰的作用，值得大大肯定。

可是，辩证地看：

一、正因以现在悬挂的为主，就使得入选范围受到限制。"文革"中入库而幸免于难的相当一批旧匾额，或因其破烂不堪，或因种种原因不能再度翻新悬挂，因而落选。其实，那批匾额中有价值的肯定不少，品种也比现在入选的要多，如我们前面提到的科举匾额，本书就没有选入。

二、也正因以现行者为主，因而大批的当代书法家书写的匾额上了镜。我们绝不反对把当代新匾额收入此书，相反地，还认为这是此书一大特色。可是，当代匾额中有的是否可列入名匾之林，恐怕至少还得经过三五十年的历史考验！

因此，笔者大胆建议，可否在再版之时，尽可能增加不再悬挂的旧匾额的图片。其特写镜头中，原匾额破旧一些无妨；还可配上从旧书报、照片中找到的早年远景、近景和特写镜头，黑白二色的也不差。这样虽然增加了篇幅，却可在不减少新匾额图片的同时，相对地缩小了它们在书中的比例数，使之不再显得突出，又不影响编者原来安排时调和与折冲的一番苦心。

另一点是，此书的说明写得很好，大多不蔓不枝。当然，任何文字多少都有些可改进之余地，本书也不例外。仅就某些小数据来说，如果进一步查考访问，便能搞得更精确。例如，解放前著名书法家张伯英的卒年，编者以"不详"了之。其实，解放后研究张氏的资料是有的，其生卒年是1871—1949年。

那桐的生卒年未列出，笔者为此查阅了几种工具书，发现全部缺乏确切数据，有的仅说"年六十八岁"，就算最明确的了。笔者托人请教了那氏的嫡长孙、现任北京市民族事务委员会副主任和市政协常委的张寿崇先生，据告：那桐生于清咸丰七年七月二十三日（1857年9月11日），卒于民国十四年五月初八日（1925年6月28日）。其实，张老就住在东城区，还担任过东城区政协副主席，与主编齐心等位多少认识，可见下功夫访查是有必要的。

最后要说的是，出版单位出版了《中国名匾》这样的大书，我钦佩他们的魄力和勇气。

鄙见以为，出笼罩全国各地区的大书，分量太大则周转失灵；力量不大则容易挂一漏万。再说，各地文化水平与历史遗存不同，老子与韩非合传，得有司马迁的如椽大笔才能调度得宜。出一个地方、地区的书，则容易控制得宜，游刃有余。搞好了，也能像班固媲美太史公，史汉并传。所以，笔者重申：我佩服《北京名匾》编者的独到眼光，也佩服他们的大手笔。他们是有识之人。可是，我更佩服出版者：敢于出这么一部在历史上一定戳得住，而在这时候难免赔钱的书，出版者堪称有胆有识！

（原载于《北京书讯》1996年第11—12期合刊）

《北京传统文化便览》

由陈文良学长主编的140万字巨著《北京传统文化便览》，已由北京燕山出版社于1992年出版了。

这是一部内容系统完整、资料确切翔实的全面展现北京丰富多彩传统文化的书籍。书中通过历史沿革、燕山蓟水、典章制度、文物考古、城池宫阙、民族宗教、坛庙观堂、京腔土语、戏曲说唱、民间技艺、市井习俗、风味饮食、园林景观、府邸宅第、坊巷胡同、老字商号、一岁货声、旧京书业、学堂书院、日下报刊、科学技术、京华人物、地方文献、掌故传说等二十多个方面的内容，全面揭示了北京传统文化丰厚的内涵。

著名的北京史学家阎崇年先生在序言中，从三个方面揭示出了北京传统历史文化的内涵及其重要性：

北京的历史与文化，在中国、在亚洲、在世界这三个层面上，都放射着灿烂的光华。一、北京的历史文化，是中华各民族历史文化的缩影；二、北京的历史文化，在元、明、清三代，是东亚文化的中心（在元代是世界文化的一个中心）；三、北京的历史文化，在世界历史文化中有着凸显的位置。

阎先生序文中还提到，外国朋友说："北京是世界历史文化名都，要找一本内容系统完整、资料准确翔实、文字简明流畅、部分大小适当的介绍它的书却很难。"如今，他通过序文愉快地告诉他们：这样一部书现已出版。

笔者在北京生活了五十余年，又在传统文化的熏陶下，从事与中国传统文化相关的专业工作，因而深深地感受到这一传统的力量。我能感受到，它是"活"的，传统文化活在现当代生活中，它是无所不在的，浸透在有形如建筑、服饰，无形如语言、音乐，综合如京剧、庙会、礼俗之中，它是多民族的，拿小吃来说，艾窝窝（回）、萨其玛（满）、罗蔔丝儿饼（汉），各民族贡献出的京味品种真不老少，不重样儿能占满一条街。

但我们也能感受到，随着时代的前进，旧的传统文化正在不断消亡中。征候之一，是许多过去大众化的东西，现在已经"宫廷化"或接近失传了。例如马蹄烧饼，原来是一大早满市街挑挑儿卖的，现在得到特别经营的饭馆去找了，价钱恐怕也不大平民化了。四合院被火柴盒式塔楼取代，更是触目可见。这也是历史的必然。

这就使我们有一种急迫感，要把真正的老北京传统文化记录下来。这是当代人的责任。因为我们正处在新旧交替之间，对旧的有切身体会，对新的也能认识。后人则恐如雾里看花，终隔一层了。

正如刘义庆集群贤编《世说新语》，纂成于清谈名士风流将尽未尽之际，所以，显得更为亲切一样，《北京传统文化便览》一书，无论从需要看，从时代看，出得都正是时候。主编组织了众多的老北京专家提笔，出的书的确是行家里手出色当行之作。这不禁使人想起章士钊先生题《燕都丛考》七律中的颔联：

绝喜旧闻传日下。
俨同使者自天边。

（原载于《光明日报》1993年3月12日5版）

白化文文集

新版《北京市志稿》

《北京市志稿》存原稿156卷，约400余万字，1938年秋季由当时的市政当局临时设立的"北京市修志处"编纂，1939年秋季大体上完成初稿，计196卷，尚缺"故宫志"。估计预定卷数在200卷左右。现存各卷绝大部分完整。

1986年起，这部原稿被列入北京市哲学社会科学"七五"规划研究项目，并成立了编辑出版委员会。经过领导、整理人员、出版社工作人员等各方面的共同的不懈努力，1990年前后，北京燕山出版社曾出版过主要供征求意见用的分卷简体字本，但没有出齐全书。在此基础上重新改订，才有今年北京燕山出版社新版繁体字分订15册全本。

必须说明，此志中的"北京市"，指的乃是20世纪20年代民国时期的北京市辖区，大致相当于现在的北京城区和一部分近郊区。民国年间,北京市的辖区大抵如是。上较明清两代,下比解放后,地域都比较窄小。因而此书在历代所修北京市辖区地方志中,涉及的疆域最为狭窄。

此书前列"点校整理说明""各志整理概况""凡例""总序"等,均为此次整理时新撰。其中苏晋仁老师于1988年撰写的"总序"一文,已将此书的内涵、要点概括无遗。此外,姜纬堂学长撰有《北京方志的编纂与出版》长文,分载《北京出版史志》第一至三辑,其中论及此书,所论亦至为精彩。我因多少从远处窥见此书十余年来整理工作之一斑,便承报社编辑诸君不弃,邀约撰写评介。力辞不获,只可敷衍苏老师、姜大学长之绪余,就正于读者而已。

从原稿来说,应该说这是一部抢救出来的文献。其中大量引用的民国年间北京市各市政单位的档案材料,于今已很难见到。这是一。

原稿初步完成后并未上交当时该管的上级部门,而是辗转保存于两位编纂者之手,解放后捐献国家,"文革"时未遭劫火。这都是很难得的机缘。这是二。

北京市的领导部门从八十年代中期起,致力于从废纸堆中抢救此稿,其远见卓识,更是值得大书特书的事了。这是三。

说到"远见卓识",意思是说,站得高,看得清楚明白,不为极"左"思潮左右。姜纬堂学长曾剀切地论及此点。

他说，由于此书原稿在过去不容易见到，所以论者多沿用《中国地方志联合目录（初稿）》（1978年油印本）的观点，即："敌伪时期修志""立场反动"这是见于该油印本中那一条目的"注"中的话。姜先生还提到，《中国地方志联合目录》正式出版时，已经删去这条注，但是，"其影响未已""论者涉及该《志稿》时，少不得皆有'立场反动'的评语，实则亦未见何人举出证据，只不过是照本宣科。核之原书，则此恶评实属过甚其词，有失公允"。

这是极有见地的话。我们不能形式主义地划线，认为敌伪市政单位出钱让办的事，就必然完全按日本侵略者的意图办事，作日本人的传声筒。或者认为，编写此书的人拿的是日本人的钱，是汉奸著作。实际上，据在下翻阅，尚未发现此书中有为日本侵略者歌功颂德之处。日本人也没有直接干涉此书的编纂。倒是如我们在开头所说，编纂者趁此良机，大量调阅并誊录沦陷前的市政机关文件，为后代保存了极其宝贵的材料。客观上起了抢救文献的积极作用。后来甚至没有将原稿上交，而由个人保存。这些都绝对不是忠于侵略者，而是在夹缝中为祖国文献的流传在做工作。

这些位原编者虽然是老一代的知识分子，当时没有也不可能有先进的共产主义思想，但他们知道自己是中国人，是在特殊情况下为中国的文化延续干事情。要说"内容反动"，那么，正如极"左"的人所见，所有的古代文献或多或少都犯这个毛病，也就根本谈不到什么批判继承了。

因此，我赞美当代市领导的卓识，能辩证地历史地对待原稿，花大力气组织整理与出版。

从此次新的整理来说，我曾多次见到原稿、整理稿、校对稿，以至成书，深感这是一次对原稿的"脱胎换骨"的改造。点校整理者付出的劳动，说是十倍于原作者，绝不为过。原稿一年而成，整理稿约达12年始毕。其间复核查对原始资料，反复考证，勘正标点，可说较之原作者之辛劳不可以道里计。如果这些位整理者用这些工夫来撰写自己的著作，早已成名成家。他们不计名利，埋头苦干，确实应该受到表扬。

此外，照应我们在上面说过的话，对这个整理本无妨如此认识：前人那一年多的工作，只不过是为我们当代人抄存了一批原件现已无存的资料，并经历艰辛保存了下来。此稿之能够成书，是在我们手中完成的。前人的工作，特别在保存原稿方面，是我们应该大力肯定的，但如果没有我们当代人从领导到出版社、到具体工作人员的通力合作，是绝对编纂不出来的。我认为，此书的编辑出版，百分之九十是咱们当代人的功劳。

此书原稿较好地实验了把文言和语体文献混合编制在一起的新的地方志编制法，很值得当代编志者借鉴，这也是应该指出的特点。

总之，此书的出版，标志着北京市市志资料工作的一次大战役取得巨大胜利。我为此欢呼！

（原载于《古籍整理出版情况简报》1998年第10期）

人海栖迟

《北京古籍丛书》

　　北京古籍出版社最近推出的《北京古籍丛书》，基本上属于旧版新印性质。其中所收各书，从二十世纪五六十年代到八十年代初，都曾由北京出版社印行过，久已售缺。此次略加修订后重印，极受读者欢迎。

　　这批书籍，都是研究北京市必备的史地方面的资料书。学者对这批书，皆耳熟能详，知道它们的重要性。我们现当代的读者们算是有福了。特别在现在，很容易就能得到这些书。从20世纪50年代往上数，可是不行。

　　在北京，即使是一位不缺钱又与琉璃厂书店很熟悉的大学者，想凑齐这么一套书的旧版本或抄本，谈何容易！跑图书馆，也得多去几家，还不一定能看齐全了！遥想昔人得书与夫研究之艰难，咱们在感谢出版社之余，不由得不奋发努力啊！

其次，笔者要说的是，这批书，都是解放后古籍整理工作者不懈努力的成果。试看各个书的前言或整理说明，就能清晰地体会到这一点。试举数例。

如《酌中志》一书，以往主要靠《海山仙馆丛书》一种刻本行世，其余的抄本多秘藏于各大图书馆与私人藏书家手中。就是那毛病很多的刻本，也因在丛书中而很少拆单卖，一般读者难以购买。北京出版社的整理排印本，则主要以道光刻丛书本与故宫博物院图书馆藏康熙内府抄本比对，融会而互相补充，并有若干"理校"，堪称极佳的整理本。据"前言"，此本系1987年由冯宝琳先生整理点校而成，从年代说，是较新的古籍整理成果。

再一例：《帝京景物略》，原刻本少见，过去常用的多为几种删节本，特别是纪昀删节改订本，与原本相去甚远。北京出版往则据原刻本整理点校，堪称为较原本更上一层楼的精本矣！又一例：《天府广记》仅有若干抄本，各个抄本大多残缺不全。当20世纪60年代尚无复印机时，出版社组织人力，赴各大图书馆分别抄录，比对，补齐全帙，点校付印。人力、物力、财力，均可说达到不计成本的地步。

最后要说的是，这次重印，用的都是前四十年到前十几年的旧版。它们显示了出版社在那一时期整理古籍的投入和高水平。如今已进入21世纪，老一辈学者和出版工作者多已退居或物故。他们的成果，至今还能使现在的出版社诸执事在大树底下乘凉。这应该激发我们，在新世纪的新一轮古籍整理工作中，做出无愧于前人的新贡献！

（原载于《光明日报》2001年8月9日第2版）

《燕都古籍考》序

王灿炽先生是我心仪已久的一位学者。

由于工作的关系,我常常出入图书馆,使用工具书,应付青年学子和社会上各方人士的咨询。因此,王先生的许多著作,如《北京史地风物书录》《王灿炽史志论文集》,还有他点校的《燕都丛考》,与他人共同编纂的《今日北京·历史卷》(其中《北京古今文献书目提要五百种》由王先生亲自撰写)等书,以及王先生所写的散见于各种书刊的论文,都是我必须参考和经常参考的重要文献。

久而久之,这些文献似乎成了我的一项倚靠,或者说是一位默默无言的老师。我常常有这样的感觉:这位先生传递过来的信息,都是极为准确的,是我在别处很难查到的。这就使我对王先生自然而然地产生了一种敬意。

我常想，中国古典文献的研究和整理，虽已成为当代世界性的显学，可是，在经济基础的制约下，在国内商业大潮的冲击下，出版这方面的成果并不容易。因而军心动摇，能死守阵地者不多，这也是事实。具体到地方史志目录这一领域，在中国古典文献大范畴中，更可说是"孤城落日斗兵稀"。编纂目录提要加考证，从来是为人作嫁的活计，需要皓首穷经的长年工夫。成品若有半点小疵，有时很难返工，使用者将错就错，更是遗患无穷。后来人查出，自诩高明，动加指责，哪知道成就一部大型目录的艰辛。所以，编纂目录与提要，便成为没学问没能耐的人干不了，有学问有能耐的过分聪明的人又不屑于干的事情。地方历史和方志之类的目录更是目录中的冷门，要是再加上考证与提要，则涉足者更少。

　　话又说回来，越是这样的地方，越得有人去筚路蓝缕，开辟草莱。它本身虽是为中国古典文献这一大学科打下一小块方砖基础，若是被有志之士给精益求精地打磨安置好了，却也能成为大学科中的尖端和"绝学"。

　　由于在职业方面"敬业"进而"乐业"产生的爱好，我经常向出版家宣传上述个人见解。京华出版社给我送来了《燕都古籍考》这部杰作的稿本，让我能先睹为快。这正是我求之不得的事情，粗读后的印象是，王先生旧作篇篇好，今观新著更上几层梯！首先是选题又准又好，乃是明清学人近二十代（以三十年为一代计）以来许多人都想做的，而又都没有作成的，或者说是许多人虽然起手却因种种原因半途而废的。而今竟然由王先生独立完成，快何如之！

当然，从某种程度上说，也可以说是时代玉成了王先生。有几代学者打下的基础，有当代科研单位（特别应该提到王先生所在的北京市社会科学院）及上级领导的大力支持，有科研基金资助，有各大图书馆提供前人难以见到的资料。这些都是客观方面的不可或缺的有利因素。

可是我们绝对不能忽视了王先生本身的主观努力。这就是下面要谈到的"其次"，综观全稿，能看到的是，王先生的功力实在是深。全书从始至终都表现出优游涵泳出色当行的气势，只有充分掌握材料而不被材料所掌握的人才能做到这一点。这样的功力，只有沉潜于是，下过多年的功夫才能做到。且不说别的，看看那抄写得十分工整的一摞摞原稿，就能看出板凳绝不止坐了十年，可能为其两三倍。今日尚能有此奇人，深觉其书固然必传，其人更属可传。说到此，我不禁油然生出代作者感谢京华出版社之心。如果没有出版社的支持，此书不过以稿本的原貌在同好中传观，由击节继而扼腕罢了。安能有今日"西施宁久微"之社会效益哉！

我虽在北京大学滥竽专科目录教席，可从未敢轻涉北京地方史志目录领域。以上不过从宏观角度泛泛而论。评议这部书稿的内容，非我之学力所能及，只可藏拙。我建议读者自行到这一鸿篇巨制中一游,如入宝山,您一定目不暇接,满载而归。届时方知鄙人言之不谬也。

　　(《燕都古籍考》,王灿炽著,京华出版社1995年版)

《北京的胡同》序

本书由溥杰老先生题签,他老人家最够资格:

地道北京人,这是一;

皇宫、王府、大宅门的事,数他最明白,这是二;

他是著名书法家,这是三。

因此,为本书锦上添花的事,非他莫属。这篇前言呐,本来是请北京历史地理学元老权威侯仁之老师执笔的。争奈他老人家正在美国访问,一时半会儿回不来。

我呐,跟北京燕山出版社社长兼总编辑陈文良大学长从五十年代初在北大同学,后来共事多年,是熟得不能再熟的四十年老友啦。碰见救场的事,常抓我的差。这不,他又指派我来代庖啦。在我,实感殊荣,当然,也不无"孤城落日"之感,"力尽关山"之虑。好有一比:一位头戴大礼帽、身穿燕尾服的赴会者，扎上一条"一拉得"领带，多少有失体统。可是，力辞不获，本主儿要这么着，小的也就只好进行遵命文学创作矣。

我敢写这篇前言，唯一的凭借就是：从1943年到1976年，我在北京的胡同里住了33年。要说老北京，就算凑合了。展读翁君大著，头一个感触就是，从胡同的角度看，北京的变化太大了。还记得抗战胜利之后，解放之前，旧京天暗如铅，云寒似铁，市声阒咽飞难起。我那时还是中学生，常负笈踽踽独行胡同中，那时为自己将来构想的最好蓝图，也不过胡同中大杂院里东南房一间，四白落地，小煤球炉子，喝九毛六一斤的花茶末，当个小知识分子而已。弹指一挥间，四十余年过去。已蒙党和人民恩赐退休养老，住的是单元小楼，有电话、冰箱、暖气，喝的是龙井、乌龙，看的是电视、录像。谈笑有鸿儒，往来多编辑。遥望西山，朝来致有爽气。躬逢盛世，惟愿教育发展，社会安定，国泰民安，河清人寿。想起那寒伧的小平房，雨后泥潭的小街深巷，恍如隔世。

我深深地感到，作为封建社会末期回光返照的京城小胡同文化及其芸芸众生相，是无可挽救地正在谢幕，逐渐地为社会主义的高楼大厦所替代。这是历史的必然。

胡同，在北京仍会存在，四合院也不会完全消失，但它的蕴涵已与前大不相同，不是一码子事了。总结过去的胡同的历史，为后人留下详细的资料，责任可就落在解放后成长起来的一代人身上。

为首善之区留下形象的地志，在我国有着源远流长的传统。从《洛阳伽蓝记》《洛阳名园记》《东京梦华录》，直到陈宗蕃先生的《燕都丛考》，基本上都是唱挽歌的声调，作离乱的哀音。而今，我们写北京胡同史，却是以兴奋的心情，描绘首都的新貌。虽不免致慨于金台夕照，却是入乎其中而超乎其外，立足高，着眼远。

在这方面，《北京的胡同》这本书，可说是作出一个供讨论的样本。读罢此书，弘一法师辞世绝笔名言蓦到心头："悲欣交集"。

读其书，不知其人，可乎？我有幸结识著者翁立同志，愿就所知，向读者略作介绍。他可是一位极有干劲，最有心胸的自学成才脱颖而出的优秀人物。

据我所知，他1950年8月生于北京，生活、学习、工作都在北京城里，他属于在红旗下长大的新一代。1972年他参加北京电影业的工作，至今坚守岗位。1966年初中毕业后，他失去了升学的机会。可是他在工作与赡家之余，用五年时间完成了业余大学中文系的学业。这五年一贯的毅力够可以的。更有后劲在后头。他运用所学，自1980年以来，先后在《人民日报》《光明日报》《瞭望》等全国性报刊上发表过文章二百余篇，多篇获奖。近年有两篇作品连续荣获中国电影电视记者协会颁发的好新闻一等奖。1990年他应邀为北京电影学院管理系开授了《电影宣传学》课程,讲稿印发为教材。这就更够瞧老半天的啦。

翁立同志的业余爱好是对北京史地与民俗的研究。这方面不能不提到他的父亲翁广心老先生对他的启迪、教导与影响。

翁老笃好北京史地,一生积聚了六大书箱有关图书(地图尤为齐备),踏遍了北京城区内外,写就北京史地稿本多种。惜在"文革"中,图书、手稿均化劫灰。老人亦郁郁没世。翁立同志幼承家学,长继遗志,于白手中复兴,节衣缩食,又购置抄录了大批资料,进行了大量实地勘查,走访了诸多耆老,掌握了大量第一手资料。本书是其新成果之一。翁君年富力强,出手不凡,大成有待,予有厚望焉。

本书的责任编辑李艾肖同志,吾之老友也。她蕴涵中国知识分子女性深含不露之传统美德。其实,即以她整理点校的齐如山老先生《北京土话》(北京燕山出版社1991年1月版)一书而言,非有极深功力者莫办。《北京的胡同》一书由她编辑,编辑室主任、我的老世交赵珩世兄托付得人。我从字里行间,觇得她费尽了多少心血编织,平添了如许细腻柔婉,加上了特有的女性人情味。

好书不厌百回读。我在初读之后,向有同好的、求知欲极强的、最能品书的万千读者建议:这本书是一枚青果,咀嚼它，会有无穷的回味。它又是一座宝山，您是不会空手而归的。

（《北京的胡同》，翁立著，北京燕山出版社1992年版）

人海栖迟

《北京士大夫》序

京华人海，十丈软尘；史传儒林，五朝都会。于今名城维旧，景物聿新；所虑前时文献，存留渐少。方彪先生有鉴于此，从事在斯。搜集传闻，掇拾故纸。放眼超乎尘外，昂头尚矣古人。东京梦华，所书不少轶闻；石林燕语，胪举偏饶旧典。北梦琐言，兼收朝野；酉阳杂俎，不遗洪纤。阅世有今昔之观，进化考推迁之故。珍传故事，足补一篇稗官之史；杂记西京，能识千秋礼义之存。方君著作，堪上拟于《论衡》；朽人着笔，深有渐乎皇甫。承命题辞，聊陈鄙悃。相为缀句，不知所云。时维庚辰中和之月，承泽退士白化文谨叙。

（《北京士大夫》，方彪著，京华出版社2000年版）

白化文文集

周藏《北平笺谱》跋

启晋师弟新得《北平笺谱》，命我作跋。

以中国的国产高级手工抄造纸为载体，经过木版水印技术印制而成的笺纸，雅称"诗笺"，盛行于明清时期，高雅文士惯用，已近于"雅玩"一类。也就是说，不宜用之于常规的"八行书"内容。晚辈对长辈，除了祝寿、贺喜，特别是书写诗词祝贺以外，也不宜使用。总之，用对了地方，则为雅士添彩；用得不对路，特别是在非喜庆寿诞等场合用来书写呈献给长辈、大官僚，就显得轻佻了。

辛亥革命以后，使用舶来品自来水笔、墨水在西式信纸上书写者渐多，诗笺逐渐淡出历史舞台。郑振铎先生《北平笺谱·序》《访笺杂记》中就生动地传达出此种信息。

但是，作为一种中国独有的综合性艺术品，诗笺集版画雕刻、饾饤彩印和拱花等高级印制技术于一身，加以使用精美的中国特产宣纸等为载体，由精通书画的名家绘制底稿，优秀的名刻工制版，熟练的印制工人印刷，成为"多美具"的综合艺术品。几乎每一张优美的诗笺，都可以作为此种中国传统的代表。

诗笺集在一起，可以编成"笺谱"。著名的笺谱，如《萝轩变古笺谱》《十竹斋笺谱》等，都是十分高雅的艺术品，而今如我等都只能在展览会的橱窗外略窥其中翻过来让人看的那一两页罢了。按图书分类，它们似可算进艺术类中，属于某种"专集"。至于《北平笺谱》，则可算是一种"选集"，而且是从原诗笺中挑选，原店印刷，"本客自制""决无假冒"。此书之后，"此曲只应天上有"矣！就是将来影印（"拱花"如何以西法影印？），也就是"虎贲中郎"之似，遗神取貌而已矣。

说到《北平笺谱》，最为珍贵的是，选定者是鲁迅、西谛（郑振铎），题签者沈尹默，书写者魏天行（建功）先生。这几位那时就是公认的大名家，现在更属于名播寰宇的大大大人物了。此书初印百部，手写编号发行。启晋新收得者为第二十二部，洵属难得。

过去的藏书家，姑且以"文革"前后为界，或前溯至解放前后为界，那时够得上称为藏书家者，以收藏百宋千元为贵，以掇拾敦煌卷子、明清档案自诩，后来基本上均化私为公，周叔弢先生堪为典型代表。先师周绍良先生走偏锋，大量收集唐人墓志拓本、明清宝卷、明代《大统历》历书等，下及近现代小说万余，今已分藏京津各大馆。我看到当代一些拍卖品目录，其中绝大多数，当年的书估是不敢往周府送的。可见时移世易，对"善本"概念内涵的认识必须与时俱进。"五四"运动及今已近百年，有人先知先觉，早已提出"新善本"的概念，不过尚未界定清楚。拙见以为，亟应新旧并重。启晋师弟于此早着先鞭，最近又以重金收得《域外小说集》之上册。观乎周府三代之收书，盖可以觇时变矣！

人海栖迟

《蠲斋说墨》跋

秋浦周先生暨德配东海沈夫人,金张华胄,尹姞名闺。相偶成说,匹休偕老。福征寿考,《书》标"洪范"之畴;位正严明,《易》著"家人"之卦。哲嗣启晋等,烨烨凤毛,振振麟趾。义方承训,孺企事亲。金以先生学界清流,文坛斗象;鉴藏老宿,文物名家。平素多奔上党渝糜,累藏四丸香墨。潘谷明辨,常侍赏真。于是楚国交游,作老子"守黑"之箴言;松侯封爵,写张衡"思玄"之辞赋。专著出版多种,海外风行。唯是刷印美备未臻,误植所在多有。职是发心,重加董理。星罗周备,摘藻扬华。将以乙酉上巳米寿之辰,合称二老七袠比翼之庆。酌无疆之酒,献难老之书。长生永卜,万福来同。化文人幸登堂,学惭窥豹。聿当嵩祝,敢染华笺。时维公元二零零四年岁次甲申仲冬,无量寿佛圣诞之日,作为后记。

《四库存目标注》序

知交杜泽逊教授，少怀雅志，长负儁才。以霞举之姿，当河清之代。弱岁辅翼国老王绍曾先生，执教东胶，绌书西鲁。研精翰墨，属意典章。足称庠序栋梁，学科嵩岱。今时更有《四库存目标注》之纂集。志在综百代之作，成不朽之功。于是网罗古籍，搜集遗闻。融贯百家，包涵万有。互为表里，同其指归。缨组简编，肴核目录。较天禄而映文昌，面带青藜之色；入西山而稽四部，身多芸草之香。隋珠和璧，间世皆属奇珍；柯竹爨桐，题品要归具眼。求会通而无掩覆，有光大而不除芟。续前贤之往绪，合学海之川流。仁古学之再昌，信斯文之未堕。儒林胥庆，国子增辉。今当荟萃方成，刊校将毕，蒙示予一帙，命弁首数言。及披鸿构，辄觉气尽大巫；自愧缶音，每恐讥来伧父。何敢式题大著，勉力聊缀短章。时维昭阳协洽之岁清和之月望日，友谊承泽退士白化文谨叙。

（杜泽逊先生，现为山东大学文史哲研究院教授）

古籍研究的集成型必备资料
——推介新出版的《古籍题跋丛刊》

我在北大原图书馆学系（今称信息管理系）工作，很为系图书资料室自豪。因为它非常专业化，极为得用。即以包括题跋、提要等古籍书目类型的书籍来说，从20世纪50年代起，就经老先生之手调配得相当齐全。那时我想，这些从明清到近代的专业书，图书馆采购入藏得用多少年哪！可是个人要想看，必须一部一部地借出，极难综览。现在由馆里集中到系里来，排于一架，一目了然矣！就冲这个，在系里工作便是福气！"文革"前，内地的图书馆学系就那么两三家，改革开放后可是如雨后春笋般，听说有四五十家啦。在系图书资料室徜徉时，我益发感到自豪，想他们谁有这些书啊！又替他们感到可怜，研究点业务，难哪，上哪儿找资料去！特别是"文革"后，有钱想买这些书几乎都是不可能的了，个别的，拍卖会上见了，这些书还以线装者居多，基本上全是明清两代以迄新中国成立前出版的。这些年，图书馆的线装书，包括某些新中国成立前出版的洋装书，早就不外借了。听说北大图书馆想要收回这批书，我撺掇系图书资料室管理员：誓死抵抗！

以上所说，不外说明这类书散见，越来越难得。这类书又是钻研某些学问一定要参看的。朱天俊学长在为这套丛刊写的《序》中指出："一、为了解古籍及其善本、作者生平、内容得失、版本源流，提供了可靠的资料；二、为查考藏书家概况、古籍授受渊源，提供了重要的依据；三、为考察古籍流传、古籍善本亡佚、书林轶事，提供了不可多得的史料；四、为研究中国学术史、古典文献学、目录学、校勘学、版本学、中国书史，提供了可资参考的文献资源。"说得十分全面，毋庸下走赘辞矣。

2002年夏季，北京图书馆出版社出版了《国家图书馆藏古籍题跋丛刊》。16开精装洋洋三十大本，外表就极为壮观。也是朱天俊学长在《序》中综介云："收录侧重学术资料性的古籍题跋集六十七种。题跋作者多为明清及民国时期著名的学者、藏书家、目录学家、刊刻家，采用大量的刻本以及少数抄本、稿本，影印出版，可算是目前国内收录比较丰富的一部题跋丛刊。"他说得好，勾引起我的兴趣，一本一本地去看啦。

　　这六十七种题跋专书，有的极为著名，常被研究者引用。如《百宋一廛书录》《荛圃藏书题识》《士礼居藏书题跋记》《郑堂读书记》《日本访书志》《藏园群书题记》等。有的极为稀见，如民国年间抄本顾氏《小石山房佚存书录》，1937年（注意：抗战第一年）龙氏自印本《自明诚廎题跋零篇》。著名的日本目录学家岛田翰《访馀录》，抗战胜利时地摊易得，今日难寻。有的还颇有版本价值，如《校经庼题跋》，民国年间杭州西泠印社吴氏木活字印本，其木活字个体雕刻水平颇佳，摆印又复精美，堪称木活字本后劲。当代某些玩赏家可得明白它的欣赏价值呀！

　　应该反复强调提醒的是，有些书籍的原本现在已经相当难得了。例如，莫伯骥是近代著名藏书家，他的《五十万卷楼群书跋文》是重要的古籍题跋专书，此书出版于1948年，正当兵荒马乱之时，后来历经劫难，至今已稀如星凤。《寒云手写所藏宋本提要廿九种》，1931年影印手稿本，兼具学术与书法两种价值，近年来早已是拍卖会中珍品。陈乃乾先生辑本《铜井文房书跋》、江安傅氏原藏抄本《枣花阁图书题跋记》，均是难得一见之物，此前笔者从未寓目。

　　笔者非常佩服出版社的魄力，敢于出版这么大的一套学术书。那可是不计成本的啊！也只有北京图书馆出版社这样的社能出这样的书，有国家图书馆为后盾，底本费是容易商量的啊！说了归齐，我还是十分钦佩能出大部头学术书的社，这样的社，才是出版界的中流砥柱！话又说回来，当前，这样的书有几个人看？笔者倒是颇为乐观。自"三个代表"理论深入人心以来，浮浅、浮夸之风渐息，肯读书、能读书的人逐渐增加。书店、书市人潮涌动。就连古籍拍卖会也盛行一时。浅见以为，就是被老一代藏书家看不起的倒腾古书的新的"藏书者"，也带有书香气息，与杀气腾腾的红卫兵不可同日而语矣。积以时日，新的盛唐气象必将出现，新的文化高潮一定到来。出版社要为和正在为构筑我们民族的文化摩天大厦添砖加瓦。我愿意推荐《国家图书馆藏古籍题跋丛刊》这套大书。它是一块富于文化积淀的四十八斤大城砖（北京城明清城砖额定重量）。

2003年5月20日，星期二。承泽园

读书人的藏书记录大观
——读《影印〈玉函山房藏书簿录〉》

马国翰编纂出一大套《玉函山房辑佚书》，在清季以来的学术界不啻为自己树立一座丰碑。我系先辈王有三（重民）先生于七十年前为之作佳传，称之为"清代两个大辑佚家"之一。并继蒋式理之后，为马氏辩诬，考明马氏辑佚与章宗源毫无关联。可是，"翻因书法掩诗名"，马氏的大量的其他著作很少有人道及，更甭说取来查阅参考了。我就是其中的一个，除了从《玉函山房辑佚书》中有时检阅一些资料以外，没有翻阅过马氏的其他著作。我还算是图书馆学系统的老教师呢，回想起来，颇觉汗颜。

为什么会这样？实在与马氏的其他著作少见有关。按说，我们系统的人，起码应该经常查阅马氏的《玉函山房藏书簿录》及其《续编》才是。可就是这部书遍寻无着。杜泽逊先生判断，王有三先生虽为《簿录》《续编》作提要，却是没有见过原书的，这话很有道理。看不到某书，心理上先是好奇，想找来看看究竟是怎样一部书。久而久之，疲塌了，也就不再想它了。即使翻各馆书目，偶然看见有记录，也引不起多大兴趣，一带而过，以为是远在天边的事，不去根寻它了。

这回，可是近在眼前了。杜泽逊教授慧眼识真金，从山东大学图书馆内挖掘出这部宝贝书来；北京图书馆出版社诸公一心为学术，竟然不顾赔累，比照原样，把《玉函山房藏书簿录》给影印了出来。前面更加上杜教授的篇幅很长学术性极强的《序》，出版社诸公又在后面另编出一本索引来。我看，远胜马氏原刻，实乃马氏此书一大功臣。谓之"青出于蓝而胜于蓝"，斯可矣！

初步涉猎马氏这部家藏书籍目录，强烈的印象是：

马氏不是钱谦益、黄丕烈那样的善本收藏家，《簿录》更不是善本书志。马氏收书，为了使用、实用。这一点和现当代某些文科大学教授的收书用书思想和做法差不多。马氏一生编纂出许多书籍，王有三先生为他写的传记和杜教授的《簿录·序》，都列出简目，不赘述。我们从中大体上可以推见马氏是如何使用自己藏书的脉络。《簿录》可说是马氏为利用个人藏书而作出的一部提要性质的备忘录。

马氏是一位我们当代意义上所谓的"杂家"。这从他编纂的书籍和这部《簿录》上都可强烈地感受到。他编纂有《月令七十二候诗》《农谚》《泉品》等等书籍;他的《簿录》中"子部"书籍特别多。足见他兴趣广泛,注意那时的实用科学如算法、天文、医药之类,旁及金石书画、文房、饮馔、草木虫鱼、各种艺玩。当然,受到时代限制,他对卜宅卜葬、五行阴阳之类也很注意。我们以为,这与他出身州县级官僚家庭,少年时奔走四方,后来历任州县等经历极有关系,他颇注意与那时的民生日用有关的资料。他对"史部",收书的方面广泛,注重的多是正史以外的职官、仪注、刑法、奏议、地理,这些对于他来说,也都是实用性极强的了。

笔者以为,现在影印马氏此书,除了我们图书目录行当增加一部可资参考的资料书以外,更有广泛的意义。通过阅读此书,知人论世,我们看到的是一位自强不息的地方干部和兴趣广泛的学者。我们起码能从他那里学到的是:

在不脱离工作与生活环境的条件下,不断买书、读书、学习。六十岁就急流勇退,料理著作以求得流传后世。他似乎是一位以生活养学术的人。

他知己知彼,通晓当时学术界局势。他不走通行的阳关大道,而是走别人尚未十分涉足的小路。他主要的编纂事业放在"辑佚"方面,极难极琐碎,需要不计功利,平心静气，坐下来干大半辈子。他藏书也大半是为这项工作服务的。费力大而见效慢。他及身未能见到成效，逝世后甚至蒙诬。这种只能说是自得其乐的为学术不计功效的精神，窃以为很够我们学习一大阵子的。

我们料想，他为了更好地利用自己的藏书，自行编纂《簿录》。这也是当代学者应该学习的。自改革开放后，学术勃兴，出版业发展极快。学者的生活条件大为改观。书斋里的业务书大批增加。但是，限于住房条件，常常难于安置，找寻起来困难。书多了，内容也记不住了，使用起来无所适从。马氏可能早就有此种体验，他历任州县，书籍还得运来运去。因此，他编写《簿录》的初衷可能在此。我们当代学人，不管是干哪一行的，我建议都可把马氏此书找来看看，参考马氏解决藏书、找书、用书的方法。您也可以根据自己的情况，造一批分类的带提要的藏书卡片，那不也挺好的嘛。

直到新中国成立前，典型的传统藏书家研究的多为宋元本。走偏锋的个别的思想先进者，如鄞县马氏收藏小说，长乐郑氏兼收小说戏曲、宝卷、版画、逊国之际文集等，少见，与带有传统性的大家如江安傅氏、秋浦周氏等取向不同。两者似有中山服与马褂之异。但料想他们对马氏《簿录》中的大多数版本都不会有太大兴趣。因为太平常了。时移世易，特别在"文革"后，绝大部分宋元本早入藏大图书馆，清季不入藏书家法眼之普通供读书用的书，今日已成藏书者搜罗重点。这也如五十年前的小助教，如今也熬成博士生导师一般。从这一点来看，马氏《簿录》倒是很可供当代搞古籍销售特别是拍卖的同志，尤其是倒腾书的新生代藏书者参考呢。

      2003年5月22日，星期四。承泽园

人海栖迟

读《张政烺文史论集》中有关《封神演义》的论述志感

张苑峰（政烺）先生是学术界的老前辈，也是出身北大并在北大工作过的老前辈。我虽自1960年起就与中华书局有多种来往，可是，张先生在中华书局担任业务领导的时候，以及后来参与中华组织的"标点二十四史"等工作的时候，我即使常到中华办事，也都无缘拜见。总之是，太可惜了，我至今未能亲炙于大师之门。这应是我最大的憾事！

可是，张先生的轶事，经学术界津津乐道的，我却知道几件。如，1932年，张先生分别报考清华、北大时，正赶上陈寅恪先生出清华的国文试题，其中有对对子的题，一个上联是"孙行者"，我的老师周燕孙（祖谟）先生与张先生，听说还有几位，不约而同，答的都是"胡适之"。当时称为名对。两位先生同时被两校录取,又不约而同地进了北大。1936年又同时进入"中央研究院历史语言研究所"。1946年又都重返北大任教。可惜,我在北大就读于中文系,始终没有谒见过先生,自然失去了从学的机会。

张先生的另一件著名的轶事,我以为,当推在北大就学时致书当时的文学院院长胡适之先生,考证出《封神演义》的作者是陆西星。胡先生一向爱才,立即复信并将张先生原信交《独立评论》杂志发表。此种北大师生契合的事迹,传为美谈,后学至为欣羡。

这次,《张政烺文史论集》在中华出版,是学术界的一件大事。刘宗汉学长以我与中华和北大的关系,派充学习笔谈之一员。并且说,知道我于史学、古文字学等张先生从事的主要学术领域未曾涉猎,指定在小说范围内略举心得体会便可。又为此请教古代小说研究权威程毅中学长,蒙指示:笔谈执笔者多人而《书品》篇幅有限,应力避扎堆。程大学长知道我不是这里面的虫儿,慨然将小说部分全揽,只留下《封神演义》,叫我先学习几遍张先生的相关著作,然后瞧着办。

张先生有关《封神演义》的著作,主要是《〈封神演义〉的作者》和《〈封神演义〉漫谈》两篇。

《〈封神演义〉的作者》一篇,没的说,那是考证出该书作者的首篇论文。用史实说话,再加细密分析,此书作者之为陆西星，就是板上钉钉的事了。难就难在此种史实常常不太引人注意，张先生当时只是个学生，主攻方向又不是研究中国小说史，竟然读书得间，非读破万卷且有过人的记忆力和理解、剖析能力不可。这是成为优秀的学者必须具备的天赋加苦读以及磨炼而成的洞察力。有的人一生未曾做到，张先生在青年时代便已养成。

《〈封神演义〉漫谈》是一次讲演，而且是凭记忆讲的。我读有关《封神演义》研究的书刊太少，据我可怜的记忆与学力判察，这一篇是研究《封神演义》的涉及内容最全面、理解最深刻的一篇。

涉及内容最全面，是把该书的源流清楚地解析过了，把相关的结构、情节都剖析开了。从南北朝、唐代说到明代，从《注千字文》说到《武王伐纣平话》，顺流讨源。结构中的变化，抓住三十六路伐纣变成三十六路伐西岐这股线，而且目光犀利，点明其一波未平一波又起胜过《西游记》。主要情节则重点分析"九尾狐""钉头七箭书"的来龙去脉，极见功力。

理解分析最深刻，则是暗中回答一些读者的问题——我在读张先生此文前就有此种问题，可见张先生对此类老问题早已注意，做过深入研究，找到答案了。如，《封神演义》遭受訾议的一个毛病，是"文简事繁，缺乏细致的描写"。张先生指出："这是'讲史'话本的通病。"要读者自己动用想象去补充的。从而,张先生又提出:"可以当作科学幻想小说读。"又举例"细菌战、化学战等等",并与"最近霸权主义者"搞的一套进行类比,可谓能近取譬矣。当年听讲诸君子,至此定作会心之微笑焉。

《封神演义》中主要讲的是阐教与截教两派的斗争,伐纣只不过是一条贯串前后的主线。张先生说:"截教的'截'字就是割尾巴。"那时,知识分子"割尾巴"之势尚未完全过去,我想,听讲者也一定会心微笑。老先生和大家一起开开心,说说罢了。我想,不可当真。这两派斗争在当时定有时代背景与实际史实,不然,陆西星等位仅凭想象,造不出这样波澜壮阔的场景来。拙见是,南宋以至于明初,道教中有些与民间宗教结合的新兴派别,与陆西星等位所属的"正统派"大起纷争,说不定还卷入政治斗争与军事斗争中去。此种对立与斗争就反映在《封神演义》之中。截教就是失败了的那批人物。观乎阐教人物对他们的看法,一则认为本是一家人,二则认为截教门下收弟子太滥,啥样的都有(这一点特别显露出民间宗教的特色),便可略窥其中消息。但要证成此种推论,需要在民间宗教书籍和《道藏》中爬梳剔抉,最后可能还是"杞不足征也"。不知老前辈与读者以为何如?

《〈水浒传〉与中国社会》读后

我久耳萨孟武先生的大名，但是，您的著作，一本也没有读过。您的生平，我也很不门儿清。只知道您是教育界和文化界老名人罢了。这次，竟然由我承乏为此书写一篇新版前言，实在是不自量力，惶恐之极。皆因蒙北京出版社群公不弃，派我随衮衮诸公之后，当"大家小书"的一名小编委。于是，责任编辑派点差使，自然得"勉为其难"啦！那么，就不能请专家写吗？据责任编辑楼霏女史说，正文校样已出，前言就得"现上轿现扎耳朵眼儿"，争分夺秒。请外人，时间上很难保证。于是，作为驯服工具的下走，犹如早已被支过河的一枚小卒，只能努力向前矣！

我老老实实地，以接近校对的水准，把校样仔细阅读了一遍。再查资料，请教专家。以三日之力，勉力完成任务。

自知水平太低，只可算作写出一篇"读后感"交差。知我罪我，是在于读者矣。

先汇报查来的萨孟武先生生平及其著作资料的情况：

萨先生，出身福建福州名门，萨氏家族中排"本"字辈，那可是名人"辈"出的一辈。名本炎，字孟武，以字行。1897年（清光绪二十三年）生人。毕业于日本京都帝国大学（第二次世界大战日本战败后称京都大学），学的是政治经济，兼通社会学，自称"我是学习社会科学尤其是公法学的"（《〈红楼梦〉与中国旧家庭》自序），获法学学士学位。那是20世纪20年代的事，当时日本大学中讲政治经济学的教授相当前卫，讲资本主义政治经济学的固然是主流，讲新兴的社会主义政治经济学的也不少。萨先生自然也就二者兼通了。他回国时，正值北伐时期。1927年，他担任陆军军官学校教官，兼编辑部主任。1930年前后，开始任中央政治学校大学部行政系教授兼系主任，同时任陆军大学、中央大学等校教授。他的主要著述多初版于20世纪30年代初期前后。我查到的有：

《社会主义社会学》，波达诺夫著，原著为德文本，约自日文本转译。

《法律与阶级斗争》，日本平野义太郎原著。

《近世民主政治论》，日本森口繁治原著。

《租税总论》，日本小川乡太郎原著。

《马克思经济学说的发展》,日本河西太一郎等原著,与另两人合译。

《马克思[主义]十二讲》,日本高自素之原著,与另两人合译。

当时,中国留学生时常把听课所学所用的教科书、重要参考书在上课同时翻译出来,一则可供学习之用,翻译一遍等同复习几遍;二则回国后作为自己的教学底本;三则可出版得稿费。用此法者不止赴日学生,但赴日学生这样做的较多。从日文转译他国文字著作者也不少。梁启超先生早已道出其中奥秘,下走不赘述矣。

这一时期及此后,萨先生自己的著作也不少,查到的有:

《新国家论》

《政治之基础知识》

《政治学概论》

《中国社会问题之社会学的研究》

《现代政治思潮》

《国际纷争与国际联盟》

《各国宪法及其政府》

《中国社会政治史》

《中国政治思想史》

《社会科学概论》

《三民主义政治学》

《韩非思想与西汉监察制度》

《孔子的法治思想》

以上仅就查到者而言。我觉得，了解这些简目，或许对我们阅读此书能起点作用。这些都是萨先生"用世"的"正工"。

另外，我们知道，萨先生还有三本书：

《〈西游记〉与中国政治》

《〈红楼梦〉与中国旧家庭》

《〈水浒传〉与中国社会》

此三书，据说至今在祖国内地以外的海内外行销数十年不衰。我这次看到内地近年重印的后两本书，其中一本还是此书的校样。惭愧得很，萨先生的其他著作，我均未寓目。萨先生的专业著作，我想我是看不懂的了。看过的这两本通俗性游戏人间之作呢，倒可以先说说两点读后感。

一点是，萨先生真乃聪明人。我猜，他那时讲课，为提高学生的兴趣，一定经常举一些生动活泼的例证。几部中国古典小说名著中的人物、情节，自当在其首选之列。日积月累，集腋成裘，慢慢地自然形成自己的几部书稿啦！这点经验与做法，倒很可供当代新上讲台的教师参考呢！

另一点是，用小说中的人和事，来证成自己的学说观点，萨先生堪称中国现当代学术界的老前辈了。当代"戏说""闲看"之类的作品风起云涌,大有青出于蓝之势。但是,萨先生似乎是把这些当成副产品的,并不着意经营,而且,以说理即阐述自己那一套理论为主,引证小说只是印证。所以,往往说理较多,有时与例证呈半游离状态。例如,讲"水浒马军五虎将中,关胜为何处于林冲之前",其实,这是明摆着的事:一则,那时崇奉关老爷已经深入人心,关公是蜀汉五虎将之首也是尽人皆知的事了。关胜的长相和青龙刀又与祖先无别,当然得列于水浒五虎将之首啦。林冲绰号"豹子头",又手使丈八蛇矛,显然模拟"豹头环眼"的张飞,故而只能屈居第二。可惜,水浒中找不出相当于赵云、马超、黄忠的人物来,也就搭配上与之不算一模一样的另外三位啦。赵云与花荣,射箭一样准确。但是,花荣未必顶得上赵云的神勇。此外两位,与马超、黄忠就毫无类似之处了。这些,都是几句话就能说清楚的。萨先生连篇累牍的表述,就只能侃侃而谈他的那套理论啦。这也是合乎他利用小说的初衷的。反观当代"水煮""戏说"诸名家,为了在知识爆炸时代给产品行销杀出一条血路,行文力求流利动人,理论与例证结合更加紧密,不谓之青出于蓝就对不住哥儿几个喽!好有一比,如汽车中的老爷车与21世纪新式跑车。那么,我岂不是在贬低萨先生的著作吗?唯唯否否,不然。要知道萨先生是把这一部分作品当成宣传自己的理论的副产品的,有时,两者之间调和略差,就先尽着宣传理论来。当代诸公，看来是把闲书当正事来对待，全力以赴，而且力争包装精美，词语亮丽，"任是无情也动人"，其致力之处与先辈有别。那么，岂不是说先辈不行吗，非也。一则，萨先生实在是这一行当中"导夫先路"者；二则，老爷车自有其风韵。君不见，当代老爷车拍卖价码比新车高得多吗！再说，老照片现在身价十倍，出版社出专辑呢！建议读者至少以这种态度对待此书可也。

至于此书本身，您只要读下去，如人饮水，冷暖自知，无须我饶舌。只需提出一点以供参考。同为编委的中国小说史研究权威程毅中学长提醒楼霏女史和我说，必须看一看郑振铎先生在1936年1月14日为孔另境先生所编《中国小说史料》一书所写的序。找来看完，节引有关部分如下：

> 研究中国小说的方向，不外"史"的探讨与"内容"的考索。但在开始研究的时候，必须先打定了一种基础，那便是关于小说本身的种种版本的与故事的变迁。不明白这种版本的与故事的变迁，对于小说之"史"的及内容的探讨上是有多少的不方便与不正确的。记得有人论《水浒传》的社会，而所据的版本，却是金圣叹腰斩的七十回本，……

郑先生举出的论《水浒传》用金圣叹的七十回本的例

子，明显针对此书而言。萨先生在《〈红楼梦〉与中国旧家庭》一书的"自序"中也说："研究社会科学的人，是将小说看作社会意识的表现。因之，研究方法与研究文学的绝不相同，不作无谓的考证，更不注意版本的异同。"不过，这种做法用来研究《水浒传》，特别是用七十回本来进行研究，得出的结论可就难免出问题了。试举二例：

水浒英雄的归宿问题，萨先生看出：或基本上原地不动，占山为王；或扩大地盘，割据一方，骎至取大宋而代之；或投降宋朝。并且代为筹划利弊。殊不知，若据一百二十回本，宋江早就率众投降啦！萨先生真乃事后张良，放的是"马后炮"也。

"燕青何以能列入三十六天罡之数？"若据一百二十回本，宋江投降，到东京李师师处"入马"，非仗着燕青"打哄"不可。他虽不太赞成投降，执行上级意图却是坚决认真的，是洁身自好的，还借机为自己谋求退路。燕青在全书最后全身而退，挑着一担珠宝，"身边自有君王赦"，归隐去了。这样兼具高明与能干于一身者，列于三十六天罡之末，还是辱没了他呢！

总之，此书中的引证分析，读者自有鉴裁。不可忘记萨先生往往是在借题发挥，也就是了。萨先生提出若干问题，我们可以按当代人自己的见解，另行探索。有的问题，萨先生虽然提出，并未深入，稀里糊涂地就过去了。例如，

"天书三卷"究竟是怎么回事,并未具体涉及,只是泛泛地说"用迷信结人心"。看来,萨先生对中国民间宗教不太熟悉,当时也不想就此进一步探讨啦。

抗战时期以迄到台湾后,萨先生回翔于政界与学界之间。据记载,1940年12月,他在重庆当选为第二届国民参政会参政员。1942年4月,任考试院法规委员会委员。7月,任第三届国民参政会参政员。1943年7月,任三民主义青年团第一届中央团部评议员。1945年4月,任第四届国民参政会参政员。1946年,任中山大学法学院政治系教授兼院长。1948年,任台湾大学法学院政治系教授兼院长。此后,曾任"立法院"立法委员,中国国民党中央评议委员等职。1984年4月13日逝世于台北,终年87岁。

我仅就所知,汇报至此。再度声明:是浅显的读后感,不敢说是前言,更非序言。即以序言而论,伟大的英国小说家狄更斯有言:"序言,虽然有人不断地在写,却是很少有人去读。"(《大卫·科波菲尔》自序)何况我这篇幼稚的塞责之作呢!希望读者略过我这点多余的话,直接阅读此书便了。

2004年12月6日,星期一。承泽园

人海栖迟

《全汉赋校注》评介

　　北京大学中文系原系主任费振刚教授，带领与之有学术关联的几位学者，多年教学与潜心研究的成果之一，就是"全汉赋"。"全汉赋"这个专名词，原来在中国文学史研究与著述中是没有的，是费振刚教授首先创造与提出，经过学术界认可的。笔者经常手执20世纪60年代出版，尔后不断再版，已成经典的四卷本《中国文学史》，对后起英才说，要学习费振刚教授全盘掌握中国文学史研究的宏伟魄力。费教授研究中国文学史，以第一段即先秦汉魏为重点。汉赋则是他重点中的重点。较早的结集有《全汉赋》一书，也是由费振刚教授主编，1993年由北京大学出版社出版过的。当时奠定了"全汉赋"这个专名词的地位，更奠定了费教授在全汉赋研究中的权威地位。

《全汉赋》一书早已售缺。费教授等位本着精益求精、与时俱进的精神，经过多年积累，不断努力，如今竟然推出面貌一新的《全汉赋校注》，集标点、校勘、历代赋评、注释、今译于一书。诚乃无前佳作，决为传世异书。

　　窃以为，此书的优点与特点，可以"齐、大、全"三字概之。

　　所谓"齐"，可以有多种解释，也就是说，有各种各样的"齐"。一种是齐备，或者说是齐全。即是，对于一部古籍整理的书来说，举凡能使用的手段，全都使用上了。如：原赋作者介绍，比通行的选本中"简介"要详细得多，几乎是一篇夹叙夹议的小传了。古籍正文校点，乃是行家里手，自不必说。

　　校注，几乎达到繁琐的程度。要放到"文革"中，仅此一端就得挨批。但是，就以大赋为例，前人早已指出，在没有字典的时候，许多人是拿它当字词典来阅读的。它几乎是那时的简约性百科全书。当代非本专业青年读了，更如读天书一般，非详注不可。实在是不得已也。注起来的繁难，可想而知。笔者以为，能注汉赋者，基本上就能注所有的古代文献了。近代以至现当代文献别有一工，另说。译文，这是最较劲的部分。下走以为，古籍今译，至今为止，是困难最大的古籍整理环节。一点也不能藏着掖着，译者水平高低全摆在那里了。今译汉赋，比译诗歌更难。此书较好地解决了译文"信、达、雅"的问题，我看，堪称古籍整理中又打好了一次大战役。

"历代赋评"，是一个新栏目。它等于一部汉赋作家作品古代资料汇编。一位刚入门的研究汉赋的青年，手此一编，连同费教授专为此书总揽汉赋研究全局的《前言》和交代近年来汉赋研究情况的《后记》一起，彻底学习一两遍，则文学史中汉赋部分算是完全掌握，堪称汉赋研究小专家矣！

所谓"大"，窃以为可从三方面见之：

一是部头大。这是一望而知的事。

二是集大成。这从上述"齐"的剖析可知，此书前无古人，而又集前人研究之大成。

三是百年大计。各大小图书资料馆、室内，有此一部，足敷读者查阅与研究汉赋之需要。有心独立长远研究的学者与上进青年，手此一编，无烦另求。我就想购藏一部，以备不时查检呢！

所谓"全"，可从以下各方面见之：

一是，此书收纳全部知见汉赋，至汉献帝建安末年为止。过去，一般研究者的著作，习惯把建安时代阑入魏晋，未可厚非。可是，作为收揽汉赋全局的一部总集，自然是多多为善。建安时代，至少从名义上，汉朝还没有亡国呢！

二是，附有研究者必须用到的《汉书·艺文志》中登载的汉赋目录，以及本书编撰者提供给读者采择的"辨疑"等等。此虽小节，却可具见编纂者的学识与为读者着想的纂辑意匠。

三是，必须指出，广东教育出版社的负责人和责任编辑同志十分周到细致。他们特别设置了"本书校、注、译者简介"一个栏目。作为一部大书，这种做法比在护封或封二、封三上简单地粗加列举要大方得多。而且，虽说是"简介"，因为有篇幅，可以展开，所以介绍就比一般的简介要详细。窃以为，这是极好的事，特别可以鼓舞后学，使之略知前辈风范，以便学习。这是亟宜大力提倡与推广的。特别在大型书籍中，更应如此。缺乏编纂者照片，是一憾事。更应提出，责任编辑等位不应总是当无名英雄，也应划出一定篇幅，为之介绍。

总之，此书一出名世，盖无疑义。下走与编纂诸君忝在友谊之列，得快先睹，不能已于言，因草此献于广大读者。于此书亦聊当前军旗鼓云耳。

2005年2月18日，星期五。北大承泽园

人海栖迟

中国民俗研究的里程碑式著作
——推介《中国民俗研究史》

充其量，我只是民俗研究的爱好者，是站在天桥撂地的圈外边捧人场的。有朋友想介绍我参加中国民俗学会，我有自知之明，水遁而去。严格地说，我本没有写民俗专业书籍的书评的资格。可是，我与王文宝学长熟得不能再熟，一些城西旧事别人也不一定知道，这就夅起胆子来，曳上几句再说。

1951年秋初，王文宝学长与我始同学于沙滩北大中文系一年级。我们在三院住一间宿舍，一见如故。他当时就明确表示，要把自己的一生贡献给中国俗文学和民间文学、民俗学的研究事业。班上同学约四十余人，1952年院系调整后发展到七十余人，只有他一个人是从一入学就定点到这门学术上的。当时，同班对这个方向均缺乏认识与兴趣，到毕业时，对此有极大爱好并确立一生奋斗方向的还是他一个。屈育德学长是服从分配当了钟敬文先生的研究生，原来对这一行并不是很门儿清的。不过她十分努力，后来成为钟先生的大弟子，颇有建树，可惜英年早逝，未尽其才。研究民俗和民间文学、俗文学的，我们班还就他们两位。

　　王文宝学长毕业后，多次变换工作岗位，吃了不少苦头，我亲眼得见，有时还掺和进去一点儿。不说共患难吧，起码是没有一起舒坦过。等他经过努力争取，走上与民俗、民间文学、俗文学有关的工作岗位，大体上遂心如意，能够专心致志地搞专业的时候，已经是改革开放的初期了。他大学毕业后的时间，我看是对开，前一半是受苦受难中地下自搂干专业并联系老先生求教，这在此书附录的（一）至（四）中有简要反映。这也为他后半期转入专业化打下更坚实的基础。转入专业化以后，虽然为几个学会干了许多默默无闻的工作——中国的老中青民俗学者差不多都和他有联系；他自己也不断出成果——他是我们同学中出书最多的一位，达三十余种，多为大部头。总之，说他是当代中国民俗学核心组成员之一，绝不为过。可是，岁月不饶人，长江后浪催前浪。终究如那位老于郎署的老爷子冲着汉武帝诉苦时说的那样，上下老够不着，最终是一刀切了。我想，说什么也是白搭了。好在圈儿里的人全知道他为学会、为大家做的工作，知道他的学术水平与分量，都挺尊敬他的。这也就够了吧。我读他这本《中国民俗研究史》，总觉得像是在读他的学术自传。前半是他读书积累素材并不断地向老先生们请教的历史，后半则是他步入专业化岗位后自己奋发图强，并为大家、为建立和巩固几个学会而奋斗的过程。这些，说给外人听，特别是说给青年人听，他们一时半会儿明白不到哪儿去。可总会有明白的时候吧，希望如此。我读此书，又似乎在重温我们相处五十余年的友谊。在我们同班中，像他从进入大学（极可能从中小学时代就开始了）就立志从事某种学术，并不顾一切排除万难勇往直前坚持到老的，我以为只有三两位。从锲而不舍这一点说，我非常佩服他，愿意提出来，希望有志学术研究的青年学习他。

具体地谈到这部书，内容丰富是其一大特色。可以用"齐、大、全"三字概括。齐，是第一手资料和论证齐备；大，是大部头但极为充实而不空泛；全，是有关中国民俗研究的各个方面都涉及了。这些都不必多说了。我只谈一点：王文宝学长是一位狂热的第一手资料的攫取和公布者。这可是他自幼养成的好习惯。他惯于从冷摊淘书，淘得的多为我原来不知道看了才知是宝贝的原始资料。他还是学了就要用，一点不带糟蹋的，这些资料，在他的不断发表的著作中，我看都尽可能地使上啦。即以此书而言，照片、信件、会议文件、原始记录、老中青几代学者简历，真是琳琅满目。若干年后，后来人再写此类书籍和论文，非得从他的几本著作中出发不可了。这是资料宝库！

王文宝学长个性很强，观察问题又从来很深刻。他对于老前辈都极为尊敬，遇事不断登门请教。可是他在学术上经过多年潜心探索，形成了自己的学术史体系，这在此书中就有明显和明确的反映。他是不屈从自己不赞成的观点的。这在此书中也有内行能看得出的轨迹。这又形成此书的另一大特色：通古今之变，成一家之言。

当然，在尤爱真理的同时，尊师，尊重老一辈长者，这是王文宝学长的一贯学风。这在此书中更似乎形成一种浓郁的氛围，到处都能感受到的。这更可算是此书的潜在特色吧！青年人可得好好学习呀！

总之，此书是一部总结性的，把20世纪特别是新中国成立以来的中国民俗学研究写成一部里程碑式"结集"的著作。得细看。越细读才能深知其中味。它是写给内行看的总结报告。但是，由于行文舒徐有致，使人感兴趣的资料、图片层见叠出，初学读起来不但不感沉闷，反会有如行山阴道上之感。我说："文宝老哥，你给学术、给学会都树立了里程碑。你真行！"

人海栖迟

读孟昭晋的书：《书目与书评》

孟昭晋兄的文章合集《书目与书评》刚刚由河北教育出版社出版。蒙他与夫人马佩欣不我遐弃，派老学生李云同志送来一本，俾快先睹，真是感动之极了。面对此书，感慨万千！

孟兄比我约年轻十四五岁。我们相识于20世纪60年代的北大，至今四十余年；八十年代又在北大图书馆学系目录学教研室同事，也已二十余年。关系一直极好。我爱人李鼎霞在北大图书馆学生参考书阅览室工作，在孟兄和他的夫人马佩欣女史当学生时就认识他们，比我还要早。我们从来称呼他俩"小孟""小马"，到老不改。下面还是叫他"小孟"吧。

小孟在那时的北大学生中，我看属于根正苗红，品学兼优，很有能力与抱负的。他一毕业就留系当助教，还当班主任，领导上倚畀方殷。小马正在系里当他的学生。我们亲眼看到他们的恋爱过程，认为真是非常般配的一对。后来，小孟逐渐成为教研室的主力。从六十年代到九十年代末，系里的大事他基本上都参加了。例如，他参加了我系与武汉大学图书馆学系各出三人合编的主要教材《目录学概论》（1982年中华书局出版）等书的编写。他是为系里立过汗马功劳的。

　　小孟个人的致力方向，正如这本书的书名所表示的，是"书目研究"与"书评研究"。他一生的科研成果，主要表现在这两方面，亦即此书之中。

　　他的书目研究，我看是以总结性见长。大多属于大处着眼。特别在总结我系王重民和刘国钧两位老先生的学术成就方面，读后更使人有一种亲切感。特别是总结王重民先生的成就，异常全面，在我系堪称从八十年代起最早的第一人。这种坚持真理、尊师重道的精神，我是一定要在此代为揭示，希望引起大家重视的。

　　他的书评研究，也是大处着眼，我看是受到我国早期书评学开拓者萧乾先生的影响。他跟萧乾先生从八十年代中期就有交往，据我观察，还有越来越密切的征象。他在系里首次开设"书评研究"课程，并引进萧乾先生的早期著作《书评研究》，作为主要参考书之一。但是，他对一切的参考资料都是取其精华，自有主张。这在此书的第三部分有些许反映，可惜较之原讲稿只不过吉光片羽而已。当时，我曾建议他自己多写写具体的书评，以便尝尝梨子的滋味。他颇以为然。本书中一些文章，可以看作这方面的实践。

小孟是一位勇于设想与探索的人，经常提出一些选题，但是，格于种种情况，往往结果并不如意。我想，这也许牵涉了他很多精力，甚至会影响他一时的情绪。他本是一个身体倍儿棒的人，是冬泳爱好者与积极参与者。不知怎么的了，竟然在21世纪初，方届六十花甲子之际，竟然中风不语至今。小马多方调护，现今也得了白内障了。真乃祸不单行，令人扼腕。我以为，他俩这几十年使力气使过头了。无论如何，看看他俩几十年一步一个脚印地一个劲儿飞跑，他们是对得起党和人民的培育与信任的。小孟虽然不能再研究与写作了，有这一部书，也就够了。这是他的代表作。希望读者珍惜这本书。

附 录

原书前言

我原来起的书名是《侧身人海叹栖迟》，用的是清代著名诗人黄仲则（景仁）的诗句。北京燕山出版社总编辑赵珩世兄以为，书名不宜过长。他建议就用《人海栖迟》便了。我认为，一则，他的意见很对，很好；二则，作者最好听出版社的，没有亏吃。可是，我用黄氏的诗句，原意是什么呢？

"人海"的一个特定含义指北京，读者一看这本拙作的开宗明义头一篇《人海》便知。"栖迟"，有"游息"或"滞留"等中性义；有"久居一地而漂泊失意"的带感情色彩的偏向义。在前后加"叹"，如陆游《上郑宣府启》："某流落无归，栖迟可叹。"以及我们前引黄氏的诗句，就有点"坐宫院自思自叹"的情绪了。我已到"瓶花帖妥炉香定"之时,早就连哭都哭不出来啦!居然自欺欺人,冒出点情绪来,很有点"为赋新词强说愁"的劲头了。其实,翻成白话,"人海栖迟"就是"在北京居住多年而毫无成就,乏善可陈"之意也。说到"侧身",《汉语大词典》中下的定义,有"倾侧其身,表示戒惧不安"和"厕身""置身"等含义。总之是不敢正坐,起码有点谦虚的意味吧。我用黄氏诗句全句,也是为了表现出这种意趣来。压缩成《人海栖迟》,未为不可。可是,我想,必须在"前言"中把自己的原始意图汇报清楚,以免使人误会有不谦虚的地方呀!

这本拙作,大部分系拼凑已发表过的旧作而成,都是与北京拉得上关系的。它像全素斋的拼盘,尽是老北京的风味。您看看目次,已经用隔行法略作区分。其中有一篇《就读北京育英中学(1943—1949)》是未发表过的最新作品。我本来还想写一篇《负笈北京大学(1950—1955)》,后来一想,育英中学的事,有的已经是一个花甲子的事了,属于近代史范畴,说点出格的,还不太招骂。北京大学呢?一来,时间太近,乃是现代以至当代史;二来,我在这里领退休金哪。所以,缩脖子龟息去矣。

这本拙作中收集了一些下走的骈文酬世之作。吴小如老师曾以一个字评之:"浅!"真是洞彻肺腑!我从小学习酬世,一因老北京应酬多,二因我家和我姥姥家均无成年男丁,因而出道甚早。我学习写各种应酬对联,写应用型骈体文,均是为此。不外照本宣科。逐步体会到,所写的都是有针对性的,有一定的读者群的,不宜艰深,要让读者群中的大部分人看得懂。要完成任务,别横生枝节。因而,一不可写深了,二不可犯忌。不求有功,但求平稳。吴老师真是衡文宗匠,一个字抉出一个人的风格底蕴。吴老师题目学林亦莫不如是,诚乃当代临潭之照水犀焉!我把这些"选学馀孽"收入,一个意思是,它虽为雕虫小技,也像园林整修工程、文物拍卖市场,其兴废可觇时代气运。何妨以此作为百鸟齐鸣的盛世和声中的一种旧曲翻新呢!

  说多了无用,请读者往下看吧。希望大家能喜欢,希望出版社别为这本书赔钱哪!

白化文
2005年1月17日,星期一

人海栖迟

原书后记

有关此书的许多情况,"前言"中大体上作了交代。排印校对过程中,发现尚有一些小事得向读者说说,就写此"后记"。

《就读育英中学》一稿,从某种程度上说,应认为是赵允平学长与我的合作。插图均为赵大学长手绘,没有这些图,文字稿定然黯淡无光。如果看成是以文字为图画作说明,才准确合理呢。赵大学长与我,自1949年离开母校后从未见过面。这次合作,也只是我贸然打电话给他,他一诺无辞,三天后即将材料寄来。我认为,有了这些宝贵的绘画,老师们的风采才得借此以存,它们定会受到写校史的后来人的重视与采择。

新中国成立后,墓地越来越寸土寸金,丰碑大碣基本上消失，代之而兴的是言简意赅的小型碑志。我因友情驱使，有时承乏此项文字差使。这里登载的几统碑志文字稿，选的是其中与北京和我个人关系最深远最密切的。深远，是逝者或其亲属与我早有深交。例如，阎中雄和他的哥哥中英（首都图书馆研究员，文献部主任），国氏家族的代表人物国仲元（驻美大使馆一秘）和国锦元（鹤壁师范学院教授），都是在1952年院系调整时结识的，至今已经五十多年了，而且越走越近乎。刊载这些文字，重在友情和纪念意义。

  同样重在纪念意义因而刊登的，例如《文昌院记》就是。其始末如下述：我接到吴小如老师的电话，说，和我久已熟悉的北大历史系教授耿引曾学长及其令弟、时任颐和园园长的耿刘同老哥，托吴老师打招呼，叫我承乏写这篇文字。我和耿氏姐弟的令尊耿鉴庭老先生是早就熟悉得很了，耿老是中医研究院西苑医院著名的中医大夫，先师游泽承（国恩）先生晚年，常请耿老出诊，有时由我打的接送。那时候，打的还是一种"异数"呢！耿老又是他的故乡扬州的狂热的研究者，当时我在《文物》杂志编辑部义务打杂，他的这方面的论文，常由我传递，有时承乏编发。因此，对有两代交情的老少爷们的指派，自然是义不容辞啦！写作时，现任园长高大伟先生亦曾莅临舍间，具体指导。屈指耿老墓木已拱，悲夫！再如，给饶选堂（宗颐）先生写"米寿贺辞"，是中国敦煌吐鲁番学会几位现任领导，也是我的知交派的差使，我欣然领命，也因我对饶老先生极为尊重、钦佩之故。庆祝"米寿"，用的是拆字格：八十八岁。还有"茶寿"，用拆字加法，八十八加二十，一百○八岁。"白寿"，用减去一横意合法："百"字减去一横为"白"，则是九十九岁矣。这是日本人兴起来的，现在咱们这儿也流行啦！恐怕有的青年人不熟悉，说明如上。本师周绍良先生亦于2005年庆米寿，出专书庆祝，故用跋语形式行文。

我经常应邀写书评，都是友情演出。我对书评的看法和我的写法，具见拙作《承泽副墨》一书的"前言"中，有兴趣的读者请赐阅，不赘述。但是，我也是有点原则的，即，不值得写的，一律挡驾，绝不胡乱吹捧。就这样，我这二十多年，竟然写出了一百多篇书评了，一算细账，连自己都吃惊呢！这次挑选出来自觉有代表性的几篇，请读者评判。选的，一是与北京有关的；二是与我从事的专业即古典文献学、目录学等有关的。

这就要说到我与当代国学特别是目录学大师王绍曾老先生及其入室弟子杜泽逊教授的关系了。他们二位都是山东大学文史哲研究院的教授。王老英年时曾任近现代伟大的出版家张菊生（元济）老先生的主要助手，新中国成立后从事古典文献整理，特别是古代目录学的研究和相关著作的整理，著作等身。杜泽逊先生则是王老的入室弟子，完全继承了王老的衣钵，并大有发展。本来，我们之间是神交，后来，他们二位曾为编集整理文献事宜久驻北京，我就有经常亲炙与领教的机会了。老少二位的书，几乎每一种都掷赐与我。快读之余，技痒难熬，形之于文字，就是必然的了。

现在想到的应该向读者补充汇报的内容，大致如上。至于此书的命运，下走很放心，全权交与敬爱的读者来掌握啦。

白化文

2005年2月27日，星期日。承泽园

人海栖迟

《白化文文集》编辑附记

  白化文先生各种著述方式的著作，出版的有十几种。此次出版文集，白先生主要选择了其中十一种，按出版年代先后，分别是：《汉化佛教与佛寺》（1989年台湾初版，书名为《佛光的折射》；大陆1989年初版）、《古代汉语常识二十讲》（1991年初版）、《闲谈写对联》（1998年初版，书名为《学习写对联》；2006年再版）、《汉化佛教法器与服饰》（1998年初版，2015年再版）、《承泽副墨》（2002年初版）、《三生石上旧精魂》（2005年初版）、《人海栖迟》（2005年初版）、《汉化佛教三宝物》（2009年初版）、《北大熏习录》（2010年初版）、《退士闲篇》（2011年初版）、《敦煌学与佛教杂稿》（2013年初版）。

  此次编辑文集，以原书名为题分集，有的保持原貌，有的进行了一定调整。大体情况如下：

出版较早且风行已久的几种，一仍其旧。如《汉化佛教与佛寺》《汉化佛教法器与服饰》《古代汉语常识二十讲》，完全保持原貌；《闲谈写对联》附录了一篇原在别书的《联语小集》；《三生石上旧精魂》因篇幅关系，调入了其他书中关于佛教的几篇普及性的文字。

另外几种，出于各集均衡以及内容集中的考虑，调整相对较大一些。前者不言自明。后者，诸如——

《敦煌学与佛教杂稿》在诸书中篇幅最大，有一些怀人的文字，也有一些较为通俗的文字。编辑时，主要是集中敦煌学和佛学两方面学术性较强的文字，通俗性文字则予以调整。其中，《什么是变文》一篇则源自白先生与周绍良先生合编的《敦煌变文论文录》（1982年初版）。

《北大熏习录》也是篇幅比较大的，编辑时主要保留与北大相关的文字，其他则适当调出。原来的分辑也做了调整。

《人海栖迟》，内容主要关涉北京（所谓"人海"），故而也调入了一些别书的相关篇章，主要是怀人、记事的，也包括有关北京的书籍的文字。

《承泽副墨》主要收录"阐明或说希望表扬诸位大名家的优秀著作的小文及相关文字"，"以为传道之助"。编辑仍旧本此宗旨，除调出几篇关于北京的人和事的文章，主要是把别书中寿辞、碑文都集中调整了过来。分辑则是将序言与自序合为一辑，另增一辑"寿辞和碑文"。

《退士闲篇》，因与《三生石上旧精魂》有几篇重复，因而主要是调出；同时调入了一篇适当的通俗文字。

《汉化佛教三宝物》是新世纪结撰的佛教普及读物，由于较早出版且很受欢迎的两种佛教读物内容上有重叠，因此没有作为专集。此书独有的几篇文字，则编入适当的集子；《汉文印本大藏经》一文，也采用了此书经过修订的同题文字。

原著的序言（或者前言等），包括他序与自序，一律保留，并作说明。

原书有的分辑，有的不分；有的则在分辑之下，目录中又以空行标示区划。此次整理，绝大部分保持原样，个别的作了一些整合。

除了篇目调整外，此次编辑，更多的是按出版规范要求进行技术处理，尤其是涉及诸多方面的全书规范的统一；当然，也改正了原书存在的极个别的误植或失误。

白先生的著作，大多有丰富的插图，有的是说明性质的，与内容紧密关联；有的是附件性质的，但却有可贵的资料性和观赏性。此次编辑，尽可能地原图照录，同时删除部分意义不大且清晰度较差的图，也补充了一些切当的新图。

鉴于水平所限，编辑中难免有偏颇或挂漏之处，审校也会存在疏忽不审，敬请专家和读者批评指正。